Come Analizzare le Persone

Guida Pratica per Decifrare il Comportamento delle Persone

Robert Rapport

Pubblicato da: Robert Rapport

Copyright © 2023 – Tutti i diritti sono riservati.

Condizioni d'uso. Questo libro in formato ebook contiene dati criptati al fine del riconoscimento in caso di pirateria; in caso di copia e condivisione illegale del presente documento puoi essere perseguito a norma di legge. Nessuna parte di questo prodotto può essere riprodotta senza esplicita autorizzazione da parte dell'Autore.

Avviso di non responsabilità. Le informazioni contenute in questo documento sono esclusivamente a scopo didattico e di intrattenimento, da considerarsi come semplici opinioni personali. Nessuna garanzia di alcun tipo viene dichiarata o è implicita. I lettori riconoscono che l'autore non è impegnato nella fornitura di alcuna consulenza. Leggendo questo libro, il lettore accetta che in nessun caso l'autore è responsabile per eventuali perdite, dirette o indirette, derivanti dall'uso delle informazioni contenute nel presente documento, inclusi, ma non limitati, a errori, omissioni o inesattezze.

Indice

Indice 1
Un regalo speciale per te! 3
Introduzione 5
Capitolo 1. Cos'è la personalità? 7
Capitolo 2. Teorie dei tipi di personalità 17
Capitolo 3. Il ruolo della cultura 35
Capitolo 4. Analizzare gli aspetti personali e sociali 37
Capitolo 5. Analisi del comportamento 45
Capitolo 6. Stili di comunicazione 55
Capitolo 7. Capire le motivazioni 61
Capitolo 8. Individuare l'insicurezza 77
Capitolo 9. Decifrare l'interesse romantico 85
Capitolo 10. Facilitare l'analisi della propria personalità 91
Conclusioni 101
Grazie! 103

Un regalo speciale per te!

Per ringraziarti del tuo acquisto, voglio offrirti 3 eBooks bonus in OMAGGIO che ti potranno essere utili per continuare il tuo percorso di crescita personale.

1) Mindfulness Facile: La Guida per Vivere nel Presente, Ridurre lo Stress e Vivere Serenamente.

2) Piacevolezza Magnetica: 19 Strategie per Attrarre, Piacere alle Persone e Lasciare un'Impressione Positiva.

3) Routine Mattutina Potenziante: 10 Idee per Iniziare la Giornata al Meglio e Aumentare Produttività e Benessere.

>> Scansiona il QR code qui sotto per ottenere
i 3 eBooks in OMAGGIO:

Introduzione

La parola personalità deriva dal latina "persona". Questa parola latina, tuttavia, è più strettamente associata all'indossare una maschera. Le nostre personalità, d'altra parte, sono più che una semplice recitazione per altre persone. Sono il conglomerato dei nostri comportamenti più coerenti. Forniscono informazioni su quanto siamo unici e su chi siamo veramente.

Chi siamo come persona influenza il modo in cui vediamo il mondo e il modo in cui le altre persone ci vedono. Anche il modo in cui le altre persone si ritraggono è altrettanto vitale per il mix. Non è solo ciò che dai che influisce sui risultati, ma anche come viene ricevuto. Alcune persone hanno la chimica giusta. Quando si incontrano, scatta subito l'intesa. Può darsi che le loro personalità siano simili o che una siano complementari l'una all'altra.

Questo libro mira a fornire conoscenze scientifiche sufficienti per leggere e analizzare le persone in diversi scenari. Identificherai come la tua personalità può influenzare il modo in cui tratti con le altre persone. Allo stesso modo, imparerai come la personalità di altre persone influenza il modo in cui comunichi con loro.

Capitolo 1
Cos'è la personalità?

La personalità si riferisce a un modello di pensiero, emozioni e azioni. Diventa anche un tuo marchio di fabbrica. Le persone che ti conoscono meglio possono già aspettarsi cosa farai dopo. Se sei una persona imprevedibile, le altre persone si aspetteranno che tu le sorprenda regolarmente.

Quindi, la personalità si può determinare totalmente solo attraverso il modo in cui ti comporti? Questa è solo una parte. I tuoi pensieri, sentimenti e tendenze rientrano tutti nel tuo carattere. Una persona furba, ad esempio, può continuare a cambiare il proprio comportamento esteriore. Tuttavia, il suo modello di pensiero rimarrà lo stesso. Le persone che lo hanno osservato attentamente possono anche rilevare i tentativi di inganno.

Caratteristiche della personalità

La personalità è coerente. Probabilmente hai sentito parlare del termine "sviluppo del personaggio". Gli spettatori di film e i lettori di libri apprezzano vedere questo nei personaggi.

Significa che i personaggi sono diventati incoerenti con le loro personalità?

No, non l'hanno fatto. Infatti, quando questi personaggi diventano incoerenti, i lettori e gli spettatori si sentono offesi. Credono che il creatore non capisca veramente i suoi personaggi perché anche quando attraversano una qualche forma di sviluppo, di solito c'è una ragione forte che può essere sostenuta dalle loro personalità.

La personalità è supportata non solo dagli aspetti psicologici di una persona, ma anche dalle sue caratteristiche biologiche o fisiche. I comportamenti, ad esempio, possono essere influenzati dai processi biotici. Questo è il motivo per cui ai pazienti con disturbi psicologici vengono prescritti farmaci che mirano alla funzione dei neurotrasmettitori. Cambiare il modo in cui qualcosa funziona all'interno del corpo cambia in qualche modo il comportamento.

La personalità non è solo una piccola influenza su come agisci, ma può farti comportare in un certo modo. Non è come se qualcuno ti stesse sussurrando nelle orecchie per farti fare qualcosa. Sei tu che ti comporti in un certo modo perché è così che sei guidato.

Inoltre, puoi esprimere la personalità in molti modi. Alcuni leggeranno il tuo personaggio attraverso il modo in cui parli o il modo in cui parli a malapena. Potrebbero vederlo nelle tue azioni, sentirlo nelle parole che hai selezionato e altro ancora.

Lo sviluppo della personalità

Non importa quanti tipi di personalità ci siano che cercano di classificarti, il tuo personaggio è ancora unico. Probabilmente c'è una parte di te che ti fornisce una certa inclinazione.

Dopotutto, ognuno è nato da diversi gruppi di genitori. Anche coloro che condividono i genitori differiscono per età, ambiente, gruppo di amici, salute fisica, ecc. Puoi persino individuare variazioni tra gemelli identici.

Vari psicoanalisti avevano fornito le loro teorie su come si sviluppa la personalità. Sigmund Freud si è concentrato sulle fasi psicosessuali dello sviluppo. Ogni fase si concentra su una zona erogena, che ha un ruolo da svolgere nello sviluppo del bambino. Un fallimento in una qualsiasi di queste fasi può portare alla fissazione.

Erik Erikson ha citato otto stadi psicosociali. Era più interessato a come le interazioni sociali dei bambini contribuissero al loro sviluppo dell'identità dell'ego.

Sebbene Freud ed Erikson potessero avere obiettivi diversi, entrambi capirono l'importanza di ogni fase nello sviluppo di una personalità sana. Interazioni anormali in uno qualsiasi dei livelli possono causare alcuni problemi nella psiche del bambino. Quindi, entrambi sarebbero d'accordo sul fatto che qualunque cosa tu esponga a una persona nella sua infanzia avrà un effetto sullo sviluppo della sua personalità.

Le teorie dei *tipi*

Le teorie spesso toccano il modo in cui la personalità si forma attraverso caratteristiche indotte geneticamente.

Alcune persone sono d'accordo. Si connettono facilmente con altre persone perché hanno una certa empatia per loro. Certo, puoi notare le persone che si trovano all'altra estremità dello spettro, quelle che trovano difficile trattare con altre persone. Alcuni sono addirittura del tutto sgradevoli.

Alcune persone sono coscienziose. Hanno degli obiettivi e sanno come raggiungerli. Si può fare affidamento. Dall'altra parte, abbiamo persone che semplicemente non pensano ai risultati delle loro azioni.

Un altro tratto su cui le persone vengono giudicate è il loro desiderio di compiacere . Queste sono persone che vogliono conformarsi ed essere in grado di fornire ciò che ci si aspetta. Ripeto, non tutti sono così.

L'estroversione contro l'introversione è stata comunemente discussa al giorno d'oggi. Alcune persone sono più amichevoli e traggono forza dalle loro comunicazioni esterne, mentre altre devono stare da sole per un po' di tempo per recuperare l'energia che hanno perso interagendo con gli altri.

Le persone vengono anche distinte per il nevroticismo. Tendono a sentirsi sempre ansiosi e possono arrabbiarsi rapidamente dopo essere stati esposti allo stress. Le persone nevrotiche possono essere state esposte a fattori di stress durante le loro fasi vitali di sviluppo.

Le persone aperte sono pronte a esplorare cose nuove. Sono più creative e disposte ad affrontare sorprese lungo la strada.

Naturalmente, le persone sono combinazioni di quanto sopra. Ancora una volta, ognuno di noi è unico. Quindi, siamo una combinazione di molti aspetti, influenzati non solo dalla genetica ma anche dal nostro ambiente e da altre esperienze.

Teorie psicodinamiche

Le teorie psicodinamiche di Sigmund Freud ed Erik Erikson sono state menzionate in precedenza. Le nuove teorie che rientrano in questa categoria sono ancora ampiamente influenzate da Freud, da ciò che la mente inconscia fa alla nostra personalità. Sia Freud che Erikson fanno riferimento a stadi di sviluppo a cui potremo fare riferimento quando analizziamo il comportamento attuale.

Non c'è da meravigliarsi che le successive teorie psicodinamiche seguano quelle di Freud. Fu Freud a riconoscere per primo come l'inconscio influenzi il modo in cui le persone si comportano.

Le teorie psicodinamiche dividono anche la personalità in tre parti: l'Es, l'Io e il Super-io.

L'Es si riferisce alle componenti genetiche della personalità. Include gli istinti Eros (sesso/vita) e Thanatos (aggressività/morte), che sono intrinseci alla persona.

L'Io si sviluppa per aiutarti ad allinearti con le aspettative del mondo.

Il Super-io fa uso della morale della società, dell'apprendere dai loro genitori così come da altre persone, in particolare mentori stretti.

L'Es e il Super-io sono entrambi parti inconsce della tua mente. Di solito combattono contro la tua mente cosciente, che è il tuo ego. Questi conflitti possono renderti ansioso. Quindi, l'ego potrebbe finire per eliminare alcuni meccanismi di difesa.

Teorie comportamentali

Secondo le teorie comportamentali, la tua personalità è la somma delle tue interazioni con il tuo ambiente. Solo i tuoi comportamenti osservabili sono inclusi in questi studi.

Quindi, i potrebbero non tenere conto tuoi pensieri. Potresti dire che questo va contro la descrizione di cosa sia una personalità (il che è comprensibile). Tuttavia, gli scienziati hanno cercato di trovare un modo per ottenere una valutazione tangibile dei comportamenti delle persone.

Ad esempio, l'apprendimento è osservato attraverso comportamenti e schemi osservabili. Naturalmente , gli insegnanti non saranno in grado di leggere le menti degli studenti per vedere se i loro pensieri superano in qualche modo ciò che stanno mostrando attraverso l'applicazione delle loro conoscenze.

Teorie Umaniste

Ci sono anche le teorie umanistiche sulla personalità da considerare. Qui c'è un'enfasi su come ogni persona affronta il suo ambiente e risponde ad esso attraverso il proprio libero arbitrio.

Carl Rogers ha enfatizzato l'autorealizzazione. Un individuo contribuisce consapevolmente allo sviluppo della sua personalità. Rogers credeva che ogni persona iniziasse ad avere un'idea di chi fosse. Quindi, inizia a rispondere a continui stimoli in base a come si vede.

Anche Abraham Maslow crede nell'autorealizzazione. Formula una gerarchia di bisogni, con esigenze fisiologiche poste proprio in fondo alla piramide. Quindi, la respirazione, il mangiare, il sesso, l'escrezione e altri processi necessari per la sopravvivenza rientrano in questa sezione. Un gradino sopra questo c'è la sicurezza. Qui vediamo occupazione, risorse, moralità e altro ancora. L'amore e l'appartenenza vanno dopo, abbracciando la famiglia, le amicizie e l'intimità sessuale. Dopo aver raggiunto questi obiettivi, una persona può iniziare a cercare la sua stima. Dopodiché, potrebbe dire di aver finalmente raggiunto l'apice della gerarchia - l'autorealizzazione.

Sebbene Rogers e Maslow presentino cose piuttosto avvincenti sulla personalità, i loro studi non sono considerati rigorosi. In effetti, alcuni affermano addirittura che questi studi non hanno prove empiriche.

Nonostante ciò, alle persone piace l'idea che ogni individuo abbia voce in capitolo su come può finalmente ottenere il meglio di sé. Le teorie umanistiche non lasciano le persone in visioni fatalistiche di come potrebbe essere la vita.

Introversi ed estroversi

I test, come il test di Myers-Briggs, sono stati formulati per valutare se una persona ha tendenze introverse o estroverse. Isabel Briggs Myers è coautrice dell'inventario della personalità con sua madre, Katharine Cook Briggs. Si diceva che le domande fossero state formulate tenendo conto delle teorie di Carl Jung.

Jung ha concettualizzato che i comportamenti delle persone dipendono da quattro funzioni psicologiche: sensazione, intuizione, sentimento e pensiero. Attraverso queste funzioni primarie e l'introversione o l'estroversione di una persona, il test di Briggs-Myers può identificare 16 personalità distinte.

Il test Briggs-Myer identifica 8 varianti di introversi. Come accennato in precedenza, queste sono persone che perdono molta energia quando devono socializzare con altre persone. Hanno bisogno di tempo per stare da soli per ricaricarsi. Non significa che si nasconderanno dagli altri tutto il tempo. Di solito sono più in contatto con i loro pensieri interiori. Gli introversi eccellono nell'osservare le altre persone e sapere esattamente cosa fare in ogni situazione. Ciò non significa che si sentiranno a proprio agio con nessuna di quelle possibili azioni.

Il test identifica anche 8 tipi di estroversi. Gli estroversi sono più a loro agio con la socializzazione. È più probabile che spifferino quello che hanno sempre voluto dire. Gli estroversi eccellono nella capacità di formare reti per connettersi con più persone.

Capitolo 2
Teorie dei tipi di personalità

Le persone sono tutte diverse. Lo sappiamo solo osservando gli altri. Tuttavia, gli psicologi continuano a trovare mezzi per classificare i comportamenti.

Dobbiamo ammettere che i comportamenti e le personalità sono complessi e avvincenti. Non vorresti sapere come mai alcune persone la pensano in un modo, mentre altri hanno la pensano in un altro modo?

Introversi ed estroversi

Sintetizzando potremmo dire che gli introversi guadagnano energia quando sono soli. Perdono molto quando hanno a che fare con altre persone. Quindi, no, non evitano del tutto la compagnia degli altri, ma si stancano terribilmente quando devono socializzare. D'altra parte, gli estroversi si ricaricano quando sono con altre persone. Prosperano nel brusio e nell'energia degli altri.

Questi estremi a volte possono confondere alcune persone che si sentono come se non fossero né l'una né l'altra, o forse anche entrambe. Questo è il motivo per cui alcune valutazioni della personalità affrontano l'esistenza di uno spettro.

Potresti dire che alcune persone sono più introverse di altre. Alcuni possono avere forti qualità introverse ma possono comunque essere convinti a partecipare a feste regolari, se con amici intimi. D'altra parte, alcuni estroversi possono anche sentirsi sollevati dal fatto di prendersi un po' di riposo dalle attività sociali.

Il dottor Dan McAdams della Northwestern University riconosce l'introversione-estroversione come una dimensione continua. Ci sono gradienti, invece di delineazioni nette, tra i sottotipi più vicini. Questo perché ogni persona normale prende alcune caratteristiche sia dalle qualità introverse che da quelle estroverse.

Quindi, da qualche parte tra gli introversi e gli estroversi arrivano gli ambiversi. Gli ambiversi possiedono una combinazione di caratteristiche di introversi ed estroversi.

Somatotipi di William Sheldon

Se hai condotto qualsiasi tipo di ricerca sull'esercizio fisico e sulla nutrizione, potresti esserti imbattuto in vari tipi di corpo: ectomorfo, mesomorfo ed endomorfo.

La maggior parte di noi, tuttavia, non penserebbe a questi tipi di corpo oltre a ciò che possono aiutarci in termini di esercizio fisico e metodi dietetici corretti.

William Sheldon, tuttavia, aveva condotto con successo una ricerca su queste forme del corpo per metterle in relazione con i tratti della personalità.

Un ectomorfo è descritto come qualcuno con un tipo di corpo più leggero. Ha muscoli meno definiti e ossa più leggere. Può essere descritto come magro e può sembrare più alto di quanto non sia in realtà. In qualche modo, anche le loro personalità riflettono questa "leggerezza". Gli ectomorfi sono noti per essere più sensibili emotivamente.

Un mesomorfo, d'altra parte, ha una combinazione equilibrata di muscoli e ossa. Le persone con muscoli ben definiti che sembrano suggerire un allenamento regolare rientrano in questa categoria. C'è una forte possibilità che non stia nemmeno facendo alcun allenamento. La costruzione muscolare e il successo nelle attività fisiche sono naturali per il mesomorfo. Proprio come il suo corpo può essere robusto, si può anche notare la perseveranza emotiva del mesomorfo. Questa capacità di forza emotiva e resistenza può essere osservata maggiormente se confrontata con l'ectomorfo.

Infine, l'endomorfo ha un corpo morbido e rotondo. Guadagna più peso nella zona addominale, mentre mani e piedi sono relativamente piccoli. Gli endomorfi sono generalmente considerati divertenti e socievoli.

Mentre quanto sopra può sembrare sensato perché riflettono il tipo di corpo e le personalità delle persone che conosci, non tutti possono essere facilmente classificati. La maggior parte delle persone finirà comunque con una combinazione dei tre tipi di corpo e delle loro caratteristiche equivalenti. Potresti persino trovare alcune persone che vanno contro il tipo, specialmente se non puoi descrivere facilmente la loro struttura corporea.

Personalità di tipo A e di tipo B

Quindi, torniamo alle personalità di tipo A e di tipo B. Abbiamo dato un'occhiata al confronto tra queste due personalità di spicco.

Le personalità di tipo A si riferiscono a persone che hanno un modo spietato di ottenere ciò che vogliono. Sono ambiziosi e possono essere molto duri con sé stessi. Per questo motivo, difficilmente possono rilassarsi. A loro piace perseguire vari obiettivi. I tipi A sono competitivi e molto concentrati. Tuttavia, possono sentirsi frustrati quando i piani non vanno per il verso giusto.

Le personalità di tipo B sono più rilassate. Possono essere così rilassati che altre persone potrebbero pensare che non siano in grado di raggiungere il successo. Tuttavia, possono prendere un percorso più casuale. Questo può essere utile per lo stress, ma non necessariamente per orari serrati e schemi di lavoro rigidi. La procrastinazione può essere il loro principale nemico.

Le personalità di tipo A e di tipo B si sviluppano a causa di diversi fattori. I geni possono essere una causa. Naturalmente, l'educazione della famiglia può avere una forte influenza. Dopotutto, è più probabile che una persona cresciuta in una famiglia di tipo A manifesti le stesse caratteristiche. Anche i tipi B possono essere ereditati o trasmessi. Ciò che vedi nel tuo ambiente da bambino lascerà un segno significativo su di te.

Entrambi i tipi hanno i loro pro e contro.

Il tipo predominante A si precipiterà verso il suo obiettivo, qualunque cosa accada. Si assicurerà che ciò che deve essere fatto sarà fatto. Tuttavia, a causa del loro rigoroso rispetto per le regole e gli obiettivi, potrebbero non funzionare così bene con gli altri. Potrebbero anche avere maggiori probabilità di sviluppare condizioni di salute legate allo stress.

D'altra parte, il tipo B rilassato fornirà un'atmosfera confortevole e rilassata. Ha solo bisogno di avere più forza trainante per portare a termine gli obiettivi. Con meno stress, il tipo B può essere meno soggetto a malattie cardiovascolari, ma dovrebbe sapere quando dovrebbe applicarsi per avere successo.

Qualunque sia il caso, non dobbiamo giudicare nessuno in base al suo tipo di personalità.

Indicatore di Personalità di Myer Briggs (MBTI)

Myer Briggs 16 tipi di personalità e indicatore (MBTI)

Il test della personalità di Myer Briggs è diventato piuttosto diffuso a causa dei social media. Dai tipi generali (introversione ed estroversione) e da alcuni tratti distintivi sono emersi 16 tipi distinti.

Ciascuno di questi tipi di MBTI è rappresentato da quattro lettere. Le combinazioni derivano tutte dai caratteri seguenti:

- Introversione (I) – Estroversione (E)
- Sensitività (S) – (N) Intuizione
- Ragionamento (T) – (F) Sentimento
- Giudizio (J) – (P) Percezione

ISTJ - "L'Ispettore". L'Ispettore è un introverso. Sono silenziosi e riservati. Tuttavia, a causa della combinazione unica di Introversione (I), Sensitività (S), Ragionamento (T) e Giudizio (J), sono principalmente noti per essere grandi pianificatori. Sono anche molto attenti. Tuttavia, questo tipo non è privo di difetti. L'ispettore può essere abbastanza giudicante e può risultare insensibile. Nella sua ricerca di essere concentrato e organizzato, può incolpare gli altri quando le cose non sono perfette.

ISTP – "L'Artigiano". L'Artigiano potrebbe non essere così espressivo come gli estroversi, ma è creativo. Ama anche fare nuove esperienze, il che va contro il solito concetto di cosa sia un introverso. Agli Artigiani piacciono le attività rischiose, ma cercano di stare alla larga dalle proprie emozioni, un difficile equilibrio raggiunto pur esprimendosi bene. Cercano anche di stare lontano dalle emozioni degli altri, una sorpresa se pensiamo che un introverso di solito ha una visione più approfondita di queste situazioni. Le emozioni dell'artigiano sono a volte difficili da decifrare.

ISFJ – "Il Protettore". Affidabile e caloroso, il Protettore ricorda così tanti dettagli sugli altri per farli sentire speciali. Il Protettore è tradizionalista e pratico e generalmente può sembrare antiquato. A causa dei valori tradizionali, un Protettore si è assegnato il compito di prendersi cura degli altri. A volte, questo diventa dannoso per il proprio benessere. Sebbene possa essere introversi, è radicato nella realtà.

ISFP – "L'Artista". Gli Artisti possono essere introversi, ma a loro non piace preoccuparsi del futuro. Al contrario, preferirebbero prendersi cura dell'Adesso. Sono "operatori", risolvono subito i problemi invece di preoccuparsi di cosa farne. Introversi e accomodanti preferirebbero fare alcune cose pratiche invece di sognare ad occhi aperti. Mentre socializzare con altre persone toglie molta della loro energia, amano la vita all'aria aperta e le interazioni con gli animali.

INFJ - "Il Sostenitore". Il Sostenitore idealista ha bisogno di una pausa dalle persone, proprio come gli altri introversi. Tuttavia, ama aiutare altre persone e fare la differenza nel mondo reale. Quando prende decisioni, fa molto affidamento sulle opinioni e sentimenti personali rispetto a fatti oggettivi. Nonostante ciò, allontana ogni tendenza a sognare ad occhi aperti perché si fa carico dell'organizzazione e della pianificazione.

INFP – "Il Mediatore". Il Mediatore ha la tendenza di guardare il quadro generale. Sfortunatamente, questa prospettiva gli fa perdere di vista i piccoli dettagli. Un insieme di contraddizioni, il Mediatore è bravissimo a promuovere relazioni strette ma è difficile da conoscere. Inoltre, si preoccupa molto delle altre persone ma preferisce comunque lavorare da solo. Qualcuno che è un mix di caratteristiche apparentemente contrastanti sarebbe un buon mediatore o intermediario.

INTJ – "L'Architetto". L'Architetto laborioso è disposto a discutere concetti teorici. Gli piace la sfida. È bravo ad ascoltare le altre persone, fino al punto di essere aperto a critiche costruttive. L'Architetto vuole avere il controllo. Quindi, fa i suoi piani in anticipo e dipende dall'obiettività piuttosto che dai sentimenti.

INTP – "Il Pensatore". Come suggerisce il nome, il Pensatore vive nei suoi pensieri. Tuttavia, questo non significa dire che non sa vivere oltre. Può essere molto affettuoso con la sua famiglia e i suoi amici. Questo potente Pensatore astratto è bravo ad analizzare dati grezzi e idee concettuali. Tuttavia, a causa dell'attrazione del suo mondo interiore, alcuni potrebbero fraintenderlo e crederlo insensibile. Può anche essere insensibile per davvero, ma può anche essere pieno di dubbi su sé stesso.

ESTP – "Il Persuasore". Il Persuasore sa influenzare gli altri. È adattabile e pieno di risorse. Sa come cambiare i suoi modi per adattarsi alla situazione e alla persona con cui sta parlando. Lo fa essendo attento. Tuttavia, il Persuasore può anche annoiarsi molto rapidamente. È abituato a fare molta azione e non gli piace una pausa durante i procedimenti.

ESTJ – "Il Dirigente". Il Dirigente ha un modo di prendere in carico la gestione delle cose. È molto tradizionalista con il suo approccio. Ha forti capacità di leadership. Il Dirigente è una persona seria e affidabile e si aspetta che le altre persone siano uguali. Altre persone potrebbero non guardarlo negli occhi perché può essere piuttosto franco e polemico. Alcune persone potrebbero persino descriverlo come prepotente.

ESFP - "L'Intrattenitore". L'Intrattenitore è spesso facile da individuare perché spesso è l'intrattenitore del gruppo. Ciò che le persone potrebbero fraintendere su di lui è che non lo fa sempre solo per attirare l'attenzione. Il loro traboccante ottimismo nei confronti della vita è ciò che rende loro molto più facile essere socievoli. Queste persone spontanee hanno sempre bisogno di stimoli, o si annoieranno rapidamente. Gli artisti vivono per oggi, ma non pianificano per domani.

ESFJ – "Il Console". Il Console è la versione estroversa del protettore. Questa versione estroversa dell'ISFJ trae piacere dall'aiutare altre persone. Sono affidabili e organizzati. Tuttavia, a causa dei loro sforzi per percepire e soddisfare i bisogni delle persone, hanno anche la tendenza a voler essere riconosciuti. Vogliono sinceramente aiutare, ma cercano anche l'approvazione degli altri e possono essere piuttosto bisognosi nella loro ricerca per questo.

ENFP – "Il Campione". I Campioni sono un gruppo creativo e socievole. Entrano fortemente in empatia con le persone e hanno le capacità comunicative per sostenerle. Un Campione riesce a coniugare il suo amore per il divertimento e il suo atteggiamento premuroso. Non pensa solo a vivere la sua vita migliore, ma è preoccupato che gli altri facciano lo stesso. Tuttavia, ha anche la tendenza a non seguire le regole. Lo stress può rapidamente frustrarlo, cosa che non può essere aiutata dai suoi modi disorganizzati e dalla sua posizione eccessivamente emotiva.

ENFJ – "Il Donatore". Il Donatore ha un'ampia cerchia sociale e si impegna liberamente con i suoi membri. È di buon cuore. Per questo, è tipico per il Donatore incoraggiare le persone su cui ha una certa influenza. Ha un modo semplice di influenzare le persone, temperato dal suo desiderio di sacrificarsi per gli altri. Poiché assorbe le emozioni mentre comunica con i contatti, può essere eccessivamente sensibile e cercare l'approvazione degli altri.

ENTP – "Il Dibattente". La rete sociale tessuta dal Dibattente dipende dalla ricerca della conoscenza. Interagisce con gli altri per scambiare conoscenze e conversazioni intellettuali. Gli piace un buon dibattito di idee, quindi il nome di questo tipo di personalità. Tuttavia, quando viene preso dalle sue opinioni, può essere polemico e insensibile alle opinioni degli altri. Non gli piacciono le altre persone che controllano lui e i suoi programmi.

ENTJ – "Il Comandante". I 16 tipi di personalità di Myers-Briggs si concludono con il Comandante. Il nome suggerisce che questo tipo non è in alcun modo all'ultimo posto per niente. Il Comandante è un leader nato. Viene fornito con forti capacità di comunicazione e l'assertività che è necessaria in un leader efficace. Il Comandante ha un senso dell'organizzazione e una risolutezza che possono portare l'intera squadra verso il successo. Tuttavia, deve essere più sensibile e più paziente affinché l'impresa sia un sereno lavoro di squadra. Ha anche la tendenza ad essere aggressivo e testardo.

I 9 tipi di personalità dell'enneagramma

Un altro modo di guardare alla personalità è attraverso i 9 tipi di personalità dell'enneagramma. Alcuni possono scegliere l'Enneagramma per capire sé stessi o altre persone. Tuttavia, è comune per le persone esplorare sia l'Enneagramma che l'MBTI.

Il test ufficiale dell'Enneagramma si può eseguire sul sito ufficiale. Fornirà al candidato il numero che rappresenta il suoi tipo di personalità dell'Enneagramma. I numeri vanno da 1 a 9.

Dopo aver ottenuto il risultato, puoi controllare cosa significa il tuo Enneagramma:

1. Il riformatore. Viene descritto come ideologico. Di solito funge da bussola morale, con i suoi modi autocontrollati e la tendenza ad essere perfezionista.

2. L'Aiutante. L'Aiutante tende a propendere per il piacere delle persone e per essere generoso con gli altri. Ha solo bisogno di mitigare anche la sua tendenza a essere possessivo.

3. Il Realizzatore. È sempre consapevole del suo progresso e del suo stato, è spinto a eccellere, adattarsi e mantenere la sua immagine.

4. L'individualista. Un tipo sensibile e drammatica. Può essere molto capriccioso e incline all'egocentrismo.

5. L'investigatore. Riservato, di tipo cerebrale. Può essere piuttosto intenso ma può lavorare da solo a causa dei suoi poteri di percezione.

6. Il Lealista. Preoccupato per dove si trova l'impegno. È così concentrato, sicuro e leale che sospetta che gli altri potrebbero non essere allo stesso modo.

7. L'Appassionato. È amante del divertimento e vede il buono in ogni cosa. Sfortunatamente, può anche essere piuttosto distratto e disperso.

8. Lo Sfidante. Ha una fiducia in sé stesso irresistibile. La usa per essere ostinato e deciso nei propri obiettivi. Tuttavia, può anche usarla per essere conflittuale.

9. Il Pacificatore. Accetterà qualsiasi cosa pur di mantenere la pace. È molto ricettivo alle emozioni degli altri e fornirà una voce rassicurante agli altri.

Myer Briggs vs. Enneagramma: differenze chiave

Ora che hai visto sia l'MBTI che l'Enneagramma, puoi vedere che classificano le persone in tipi. Ogni tipo ha un insieme distintivo di caratteristiche.

Natura contro cultura

Don Richard Riso e Russ Hudson hanno formulato l'Enneagramma pensando all'educazione. Per i tipi Enneagramma possono addirittura indicare da quale genitore la persona ha preso le sue caratteristiche. Riso e Hudson credono che le personalità emergano sulla base delle prime esperienze dei bambini.

D'altra parte, le personalità di Myers-Briggs derivano dalle teorie di Carl Jung. Queste personalità sono più radicate nella natura. Si ritiene che le persone nascano con quelle personalità e continuino a svilupparle man mano che crescono e raccolgono più esperienze.

Tratti negativi

Sia il Myer Briggs che l'Enneagramma descrivono tratti negativi. Myer Briggs menziona sempre i punti deboli di ogni tipo. Cita anche un insieme inferiore di attributi, che si riferiscono a caratteristiche che non sono molto comunemente associate alla categoria, ma che varrebbe la pena esplorare e portare in primo piano.

L'Enneagramma, invece, introduce le 9 personalità insieme ai loro vizi centrali.

Analitico vs olistico

Poiché Jung è analitico, le personalità di Myers-Briggs assumono una configurazione più strutturata. Ciascuno dei

16 tipi di personalità utilizza una di ciascuna delle quattro dicotomie utilizzate dall'MBTI. Quindi, ogni tipo ha molti dettagli.

D'altra parte, l'Enneagramma è più olistico. Invece di una definizione strutturata, a ogni tipo di Enneagramma viene assegnato un titolo ben noto di cui tutti hanno un'idea chiara. Ad esempio, il Realizzatore richiama alla mente varie persone motivate e cosa fanno di solito per raggiungere i loro obiettivi

Sia l'MTBI che l'Enneagramma possono aiutarti a capire te stesso e gli altri. Tuttavia, potresti avere una preferenza. Vorresti una descrizione approfondita che si basi su dicotomie o vorresti un titolo olistico che fondamentalmente rappresenti un insieme accettato di caratteristiche?

Selezionatore di temperamenti Keirsey

L'ordinamento della personalità non termina con MTBI e tipi di enneagramma. Lo psicologo americano David Keirsey ha formulato il selezionatore di temperamenti con concetti tratti da Kretschmer. Kretschmer è stato colui che ha modellato i quattro temperamenti. Sebbene la ricerca di Kretschmer si sia dimostrata preziosa anche per la categorizzazione di Myers-Briggs, il *Keirsey Temperament Sorter* è più interessato al comportamento osservabile piuttosto che a ciò che una persona pensa e sente.

Come scopri il tuo temperamento Keirsey?

Dovrai sostenere un test di 70 elementi. Ti verrà data solo la possibilità di scegliere tra due risposte per ogni domanda. Non ti verrà chiesto cosa puoi fare, ma piuttosto cosa preferiresti.

I quattro temperamenti

1. Artigiano. L'Artigiano è stimolato dagli strumenti e da qualsiasi cosa tangibile. Possono adattarsi perfettamente a un ambiente dinamico. Preferiscono vedere qualche azione pratica perché gli piace avere un impatto nel mondo.

- Sottotipi, con equivalenti MBTI:
- Compositore (ISFP)
- Artigiano (ISTP)
- Esecutore (ESFP)
- Promotore (EFTP)

2. Il Guardiano. Il Guardiano gravita verso il pratico e il concreto. Cerca la sicurezza che può dare anche agli altri. Ha una serie organizzata di comportamenti, quindi se la cava bene nella logistica.

Sottotipi, con equivalenti MBTI:

- Ispettore (ISTJ)
- Protettore (ISFJ)
- Fornitore (ESFJ)

- Supervisore (ESTJ)

3. L'Idealista. L'idealista è un pensatore astratto e tende ad avere idee elevate. È sempre spinto a trovare la vera identità e significato nella sua vita. Continuerà a lavorare per la crescita personale ma sa anche essere diplomatico e compassionevole con gli altri.

Sottotipi, con equivalenti MBTI:

- Architetto (INTP)
- Comandante (ENTJ)
- Inventore (ENTP)
- Architetto (INTJ)

4. Razionale. Una persona razionale è anche un pensatore astratto come l'idealista. Tuttavia, i suoi pensieri sono spinti dalla strategia e dalla maestria. In breve, è molto obiettivo e usa la sua competenza e abilità per svolgere bene i suoi compiti.

Sottotipi, con equivalenti MBTI:

- Campione (ENFP)
- Consigliere (INFJ)
- Guaritore (INFP)
- Insegnante (ENFJ)

Ora che sai come le personalità possono essere classificate e persino sotto categorizzate, puoi fare alcuni test per vedere quali rappresentano te e le persone nelle tue cerchie sociali.

Conoscere il tipo o il sottotipo di personalità di una persona non significa che stai cercando di metterlo in una scatola. In questo caso, non utilizzerai le etichette per limitare le persone. Invece, li userai per capire le loro motivazioni, paure e sogni.

Capitolo 3
Il ruolo della cultura

Le esperienze, specialmente durante l'infanzia, hanno un impatto sulla persona e decidono se crescerà nevrotico o meno. Alcune teorie, tuttavia, tendono maggiormente a concludere che la natura non può essere cambiata. Una persona può ancora oscillare tra il nevrotico e il normale e possibilmente stabilirsi su un lato, ma è già un prodotto della sua genetica. Nasce così. Gli effetti delle esperienze sono ancora controllati dalle qualità intrinseche che possiede.

La cultura può avere un impatto sostanziale su come si sviluppa una personalità. Dopotutto, la cultura comanda ciò che è accettabile nella società attuale. Ciò che può essere consentito negli Stati Uniti, ad esempio, potrebbe non essere ammissibile in Giappone. Quindi, una persona nota per la sua conformità negli Stati Uniti potrebbe non essere necessariamente in grado di adattarsi altrettanto rapidamente quando si trova in Giappone.

L'influenza della cultura sulla personalità

La famiglia e la genetica influenzano il modo in cui la cultura influisce sulla tua personalità

Qualunque sia la cultura in cui sei nato, alla fine è ancora la tua famiglia a decidere se lasciarti influenzare. I tuoi genitori saranno i primi a farti conoscere la tua cultura e cosa significa per te. Possono dirti che è fondamentale conformarsi. D'altra parte, potrebbero chiederti di andare contro la norma.

Anche con un forte background culturale, sei una persona libera. Puoi decidere a quali fattori esterni vuoi essere continuamente esposto. Non devi accettare tutto con fede cieca. Tuttavia, la tua esposizione alla tua cultura e religione, così come le tue precedenti esperienze, decideranno se vorrai separarti dalla tua cultura in primo luogo.

Invecchiando, conosci meglio la tua cultura. Potresti anche essere esposto ad altre culture, attraverso i media o attraverso i viaggi. Attraverso queste esperienze scoprirai se puoi relazionarti con la tua cultura o con un'altra. Nella tua libertà, puoi scegliere di lasciare che un altro sistema culturale diventi la tua base per come vivi la tua vita.

Sebbene tu abbia la libertà di liberarti di ciò che la tua cultura ti ha insegnato, non è così facile scartarne completamente gli effetti. La facilità con cui lo farai dipenderà dal tuo rapporto con il tuo paese, famiglia, religione e cultura nel suo insieme.

Capitolo 4
Analizzare gli aspetti personali e sociali

Ogni piccolo aspetto di una persona, anche il modo in cui respira o si agita, dirà qualcosa su di lui. Non è sufficiente dire che una persona è un ISTJ. Non basta dire che la persona è un Mediatore. Devi avvicinarti e aggiungere i piccoli dettagli per avere un quadro completo e più chiaro di chi sia.

Di seguito sono riportati alcuni aspetti che puoi includere nell'analisi di una persona.

Salute

La salute può essere un fattore importante nel modo in cui una persona si comporta. Non devi giudicare una persona subito. Guarda da vicino. Una persona che non si sente bene agirà molto probabilmente in modo scontroso. Certo, ad alcuni piace trattenere le cose. Diranno che sono "a posto", ma il loro aspetto fisico può darti qualche indizio. Ad esempio, potrebbe dire che sta bene, ma sembra pallido e debole.

Aspetto

L'aspetto può dire molto su una persona, più del suo semplice senso della moda. Una persona può sembrare sempre spettinata, per esempio. Inizialmente potresti pensare che questa persona non sappia come prendersi cura di sé stessa. Potrebbe essere così. Se anche il suo lavoro e il modo in cui si veste fuori dall'ufficio sembrano sciatti, allora potrebbe costantemente non sforzarsi.

Punti di forza e di debolezza

Devi aver osservato la persona abbastanza a lungo da scoprire i suoi punti di forza e di debolezza. Qualcuno può dirti i suoi punti di forza e di debolezza. Dopodiché, puoi confermare la veridicità delle informazioni. Tuttavia, è comunque meglio fare le osservazioni da soli, soprattutto quando la persona non è consapevole di essere osservata. Questo non vuol dire che la persona stia mentendo. La persona potrebbe anche essere ancora in procinto di conoscere sé stessa.

Credenze e valori

Un sistema di credenze, religioso o no, può determinare la decisione di una persona e la mossa successiva. Il sistema di credenze di una persona decide anche a cosa darà la priorità. Ad esempio, potrai intravedere le sue priorità facendogli redigere una lista. Attraverso l'esperienza, però, scoprirai se si attiene alle sue convinzioni o meno. Alcune persone sono più imprevedibili.

Demografia

Sebbene non sia giusto giudicare le persone in base alla loro età, sesso, religione, ecc., può fornirti alcuni spunti. Ognuna di queste descrizioni demografiche ti darà un'idea di come agirà la persona e in cosa crede. Tuttavia, non dimenticare i possibili valori anomali. Ad esempio, non tutte le donne tendono a preferire cose rosa. Allo stesso modo, non tutte le persone sposate saranno abbastanza responsabili da dire di no a una serata fuori quando non ha ancora organizzato una babysitter. Naturalmente, questi comportamenti periferici ti forniscono anche maggiori informazioni sul carattere della persona. La combinazione di dati demografici può illuminarti ulteriormente.

Ambiente in cui vive la persona

A volte quando dici dove vivi, le persone reagiscono – esteriormente o interiormente a seconda del carattere della persona. I luoghi hanno la loro reputazione. Dicono anche molto sulla persona. Ad esempio, un quartiere benestante può dirti che la persona è molto probabilmente sul lato più ricco dello spettro. D'altra parte, la persona potrebbe vivere in una stanza lì perché sente che sarà più al sicuro in un simile quartiere. Abbiamo tutti i nostri sistemi di credenze e nozioni sulle cose.

C'è un altro modo di vedere come l'ambiente di una persona influenza il suo carattere e il suo comportamento. Alcune persone, ad esempio, possono essere tranquille e serie quando sono al lavoro, ma sanno come divertirsi al di fuori di esso.

Stato finanziario

La ricchezza potrebbe non essere un modo semplice per definire il carattere, ma influenza molte decisioni e scelte. È più probabile che una persona ricca prenda decisioni rapide quando si tratta di spendere. Ha abbastanza soldi extra da rischiare. Tenderà ad acquistare marchi più costosi. Certo, alcune persone ricche sanno come risparmiare denaro, ma hanno opzioni più ampie. Possono permettersi di scegliere il marchio che preferiscono. Coloro che hanno budget più limitati spesso non hanno altra scelta che scegliere gli acquisti meno costosi, anche economici. Per rimanere responsabili, devono dire di no a possibili opzioni stravaganti.

Contesto sociale

Il background sociale di una persona ha un'influenza sostanziale su di essa. Più stabili sono le sue connessioni sociali, meno è probabile che sia nevrotico. Per quanto riguarda lo stato sociale, fornisce un indizio su come una persona vede sé stessa e si comporta.

Bagaglio culturale

È più probabile che due persone di diversa estrazione culturale si comportino in modo diverso l'una dall'altra. Se si comportano in modo simile, allora potresti dover guardare a diversi insiemi di motivazioni. Forse uno sta reagendo normalmente, mentre l'altro sta cercando di adattarsi. La volontà di apportare modifiche nonostante il loro forte background culturale ti darà un'altra visione delle persone.

Se sei sinceramente interessato a una persona, allora dovresti approfondire il suo background culturale. Forse è più amichevole di quanto sembri, ma è limitato dalle sue convinzioni culturali.

Professione

Ogni persona ha un ruolo da svolgere. Ci si aspetta che gli insegnanti siano pazienti ed eccellenti nella comunicazione. Ci si aspetta che i medici siano premurosi. In un ambiente d'ufficio, il datore di lavoro si comporterà in modo diverso dal dipendente. Ora, non significa dire che tutti i dipendenti si comporteranno allo stesso modo. Tuttavia, il ruolo ha un'influenza significativa su come ti comporti con determinate persone.

Atteggiamento

Uno dei modi più trasparenti per capire una persona è attraverso il suo atteggiamento. È anche guardare da vicino la persona quando non sa di essere osservata. La sua reazione e il suo atteggiamento nei confronti di varie persone, situazioni ed eventi ti daranno un'idea di chi sia veramente questa persona. L'atteggiamento è il risultato dei tratti della personalità. Ha un modo positivo o negativo di guardare alla vita e di trattare le altre persone?

Cerchia di amici

C'è un detto su come gli uccelli dello stesso piumaggio si radunano insieme. Conoscendo gli amici di una persona, ti fai un'idea di chi sia. I suoi amici sono persone con cui ama passare il tempo. Deve aver trovato qualche affinità con queste persone. Non significa che sarà esattamente uguale a loro, ma trova qualcosa che gli piace. Perché qualcuno dovrebbe passare molto tempo con persone che non gli piacciono?

Genitori

La gente di solito dice che il frutto non cade lontano dall'albero. È vero in una certa misura. I bambini cresciuti dai loro genitori biologici hanno sia la loro natura che la natura che provengono dal padre e dalla madre. Alcuni bambini sono più vicini a un genitore e quindi assumono l'insieme di credenze e comportamenti di quel genitore. Altri sono combinazioni di entrambi i genitori, creando in sé stessi un mix unico. I genitori sono anche quelli che di solito introducono cultura, religione, posizione sociale e altro ancora ai loro figli.

Modelli di ruolo

Crescendo, una persona inizia a rivolgersi a modelli di ruolo. Coloro che hanno genitori che generalmente si prendono cura di loro e sono lì per loro, riconosceranno i loro genitori come i loro primi supereroi.

Man mano che diventano più esposti a varie forme di media, i bambini riconoscono altri modelli di ruolo. Queste sono persone che rappresentano qualcosa che vogliono per sé stesse. Se una persona ti parla dei suoi modelli, scoprirai molto su quella persona e sui suoi sogni.

Interessi e hobby

È facile scoprire quali sono gli interessi e gli hobby di una persona. Sono disposti a condividerli in una conversazione informale. Attraverso gli interessi e gli hobby di una persona, scoprirai le cose che la rendono felice. Conoscendoli, potresti anche avere un'idea di una persona.

Traguardi e obbiettivi

Conoscendo gli scopi e gli obiettivi di una persona, puoi avere un'idea di ciò che la spinge ad alzarsi la mattina. Cosa li fa andare avanti? Cosa li fa sentire in un certo modo? Saranno disposti a continuare ad andare anche quando ci sono molti conflitti?

Preferenza in alimenti e bevande

Le persone attente alla salute graviteranno verso cibi e bevande ipocalorici e altamente nutrienti. È più probabile che stiano attenti al loro benessere generale. Tuttavia, potresti anche notare persone che lo prendono così seriamente da renderlo malsano. Se vedi che una persona ha mangiato a malapena ed è già pelle e ossa, allora c'è qualcosa che non va. Potrebbe essere necessario intervenire o chiedere a qualcuno che può farlo.

Altri probabilmente sceglieranno cibi ricchi di proteine. Se questo è supportato da un fisico muscoloso, allora sai che la persona si è consapevolmente riempita di carne per il bodybuilding.

Capire un essere umano richiede di analizzare molti dettagli. Ti sarà più facile capire qualcuno identificando il suo MBTI, il temperamento di Keirsey e il numero dell'enneagramma. Tuttavia, vedere la persona in azione nella vita reale ti darà uno sguardo più ampio su di lui oltre i test. Dopotutto, a volte, ti ritrovi intrappolato tra due tipi, non del tutto sicuro di dove ti trovi. Le persone sono, dopotutto, più complicate dei tipi di personalità categorizzati.

Capitolo 5
Analisi del comportamento

Quando analizzi il comportamento di qualcuno, devi aumentare le tue capacità di osservazione. Esercitati prima con te stesso e con chi ti circonda in modo da avere una comprensione più stretta di come si comportano le persone in diversi tipi di situazioni. Dovresti anche avere più familiarità con le espressioni facciali e i loro significati equivalenti.

Hai iniziato a fare queste osservazioni da quando eri un bambino. In tenera età, devi aver notato quando tua madre non prestava attenzione come avresti voluto.

Da bambino sapevi quando comportarti in un certo modo. Se volevi chiedere qualcosa ai tuoi genitori, aspettavi quando erano di ottimo umore. Questo non significa che avevi paura, ma che sai che a volte il tempismo dovrebbe essere perfetto. Avevi condotto alcune analisi comportamentali da bambino e senza saperlo.

Per un modo più mirato di analizzare il comportamento, ecco alcuni passaggi da seguire.

Stabilisci una linea di base

Quando analizzi il comportamento di qualcuno, devi avere una linea di base. Puoi farlo in due modi.

Uno, se hai l'opportunità di vedere la stessa persona più volte, allora è facile per te vedere quello che è considerato un comportamento normale per lui. Prendi nota di ciò che è normale per questa persona. È naturalmente rumoroso o silenzioso? Gli piace socializzare o stare per sé? Se hai abbastanza modelli osservati, i cambiamenti si distingueranno quando si verificheranno.

Due, puoi anche interpretare la linea di base come il comportamento di una persona rispetto al resto dello stesso gruppo. Il suo comportamento è tipico? È un valore anomalo nel suo gruppo?

Osservare eventuali deviazioni dalla linea di base

Dopo aver stabilito la linea di base, dovresti essere in grado di riconoscere eventuali deviazioni da essa.

La persona tranquilla è improvvisamente animata e parla molto? Cosa potrebbe essere cambiato?

La persona che di solito si conforma a ciò che è richiesto nel gruppo si ribella improvvisamente? Cosa può essere successo per aver causato questo cambiamento?

Esamina come la persona si comporta con i diversi gruppi

Dato che hai iniziato a guardare come si comporta una persona con i gruppi, prova a vedere quella persona in vari gruppi. Cambia il modo in cui agisce da un gruppo o da un altro? Alcune persone, ad esempio, sono più rumorose quando sono con i loro amici intimi e molto più silenziose con i loro colleghi d'ufficio. Tuttavia, la sua personalità complessiva è ancora coerente con quello che è.

Leggi i gesti

Se riesci a leggere il linguaggio del corpo, allora hai un bel vantaggio. Ti dà la possibilità di sapere cosa prova qualcuno in un dato momento. L'intero schema di gesti e comportamenti può creare un ritratto della tua personalità.

Quando osservi i gesti, puoi iniziare a guardare il viso. Alcune espressioni tipiche sono facili da leggere: broncio, cipiglio, sorriso e smorfia. Tuttavia, queste espressioni possono essere interpretate rapidamente quando non si hanno aree grigie a cui prestare attenzione. Ad esempio, alcune persone potrebbero rivolgerti un ampio sorriso che non raggiunge i loro occhi. Quindi, devi stare attento alla linea di base, al contesto e al resto del corpo della persona.

Quando si tratta del corpo, puoi guardare la postura per avere indizi su quale sia l'umore della persona. È felice o triste? È sicuro di sé o ha una bassa autostima?

Il movimento del polso della persona, il movimento delle sue mani e la generale facilità del suo corpo intorno a te possono raccontarti un'intera storia. All'estremità opposta di questa storia, troverai una posizione rigida e un corpo che quasi si rifiuta di rivelare qualsiasi cosa.

Guarda come cammina la persona

Passando dai gesti, puoi osservare il modo in cui una persona cammina. Anche il modo in cui una persona cammina può rivelare molto sulla sua personalità. Ad alcuni piace fare passi veloci come se fossero sempre di fretta. Altri possono prendere le cose con calma, dedicando tempo ai dettagli che li circondano.

Non è solo nella velocità, neanche. Potresti notare che alcune persone fanno passi precisi, mentre altri potrebbero rimescolare. Quindi, sai quale si dirige verso la sua destinazione, avendo il suo piano definito chiaramente. Altri possono sembrare come se non fossero interessati a raggiungere la fine.

Concentrati sulle parole d'azione

Quando parli con qualcuno, devi concentrarti sui termini che usano. Alcune parole riveleranno esattamente cosa significano veramente.

Ad esempio, le persone che possono usare le parole "probabilmente", "forse" e frasi vaghe come "dicono", potrebbero non essere così sicure di sé o non essere preparate. Devi confrontare queste parole con le loro linee di base. Se a loro piace sempre usare queste parole, non sono sicuri. Se lo hanno fatto solo durante una presentazione, allora non sono pronti. Non hanno svolto il lavoro, quindi hanno scelto di usare termini ambigui.

Potresti voler fare affidamento su persone che dicono "decisamente", "confermato" e altre parole simili. Queste sono persone su cui puoi contare . Ovviamente, devi continuare a confrontarli con le loro linee di base.

Esamina la sicurezza e il comando

In un gruppo c'è sempre qualcuno che sembra comandare? Sei entrato nella stanza per la prima volta, senza sapere veramente chi fossero queste persone. La persona ti guarda negli occhi, ti fa un sorriso amichevole e il suo linguaggio del corpo è aperto. Potrebbe o meno dire "ciao". Scommetto che rimarrai sorpreso se il gruppo rivelasse improvvisamente che questa persona non è il leader.

Se risulta essere il leader, probabilmente non rimarrai sorpreso. L'hai sentito. L'hai visto nel modo in cui si è comportato.

Tuttavia, se si scopre che è solo un altro membro e il leader è da qualche parte nella stanza, meno in vista, potresti iniziare a chiederti come funziona il gruppo.

Ci sono molte possibilità:

- La persona sicura di sé non è così responsabile, ma gli piace fornire relazioni personali.
- Il leader non è così sicuro di sé, ma il resto della squadra vuole dargli una possibilità.
- Il gruppo crede che ogni persona debba assumere il ruolo di leader.
- La persona sicura di sé ha il giusto insieme di caratteristiche ma non ha la politica giusta per sostenerlo.

Qualunque sia il caso, una persona sicura di sé si rivelerà abbastanza rapidamente in un contesto di gruppo. Questa è la persona da cui i tuoi occhi saranno attratti. Tutte le persone sicure di sé prendono le redini? No, non proprio.

Usa quello che sai sulle personalità

Sai cosa cercare. Hai esaminato diversi sottotipi di personalità. Ora, devi usare quello che sai su di loro.

- Inizia con le caratteristiche più evidenti: introverso o estroverso?
- Che tipo di introverso o estroverso?

- La persona è costantemente introversa o estroversa, in vari gruppi?
- Mostra molti gesti o è più rigido?
- Incarna un particolare tipo di persona: Mediatore, Campione, Guaritore, ecc.?
- Sono molto aperti con i loro sentimenti?

Sebbene tu possa essere in grado di individuare l'MBTI, l'Enneagramma e il temperamento Keirsey di una persona, devi comunque esaminare i dettagli. Anche quando due persone hanno lo stesso MBTI, numero di Enneagramma e temperamento di Keirsey, non possono essere esattamente la stessa cosa. Ci saranno ancora differenze distintive basate sul loro background sociale e culturale e su molti altri aspetti della loro vita.

Ancora una volta, conoscere le persone al di là di come vengono descritte dalle varie teorie è ancora il modo migliore per leggerle e analizzarle. Essere in grado di elencare ed esprimere i propri tipi di personalità è solo l'inizio.

Uno dei modi in cui puoi essere più in contatto con la personalità di altre persone è attraverso la tua. Sii più consapevole delle tue espressioni facciali, dei gesti e di come ti comporti con gli altri. Esamina ciò che provi realmente nel profondo ogni volta che ti comporti in un certo modo.

Guarda nello specchio. Controlla che aspetto ha il tuo sorriso quando sei triste e stai semplicemente cercando di cavartela. Qual è la differenza tra finto sorriso e quel sorriso che usi quando sei veramente contento?

Man mano che acquisisci familiarità con te stesso e con il modo in cui si comportano le altre persone, puoi fare affidamento su una serie diversa di indizi per leggere e analizzare le persone.

L'elenco di 8 punti sopra mostra come puoi leggere e analizzare le persone sulla base di indizi tangibili. L'elenco seguente rivela i modi in cui puoi valutare la personalità attraverso l'istinto.

1. Usa l'empatia intuitiva. A volte, ti ritrovi a parlare con una persona e a sentire davvero quello che sta provando. Puoi capire la sua situazione e talvolta persino prenderla come tua. Quando ciò accade, potresti aver trovato qualcuno che comprendi a un livello superiore o potresti aver scoperto qualcuno che è molto simile a te. Una volta che ti rendi conto che una persona è molto simile a te, puoi analizzare meglio le sue motivazioni. Probabilmente, saranno simili alle tue.

2. Segui il tuo istinto. Potrebbe essere difficile da spiegare, ma ci sono momenti in cui hai solo un istinto su una persona. Alcuni potrebbero persino accusarti di avere pregiudizi nei confronti di questa persona per qualche motivo.

Ti confondi a volte quando finisci per dare il benvenuto a una persona generalmente antipatica o per detestarne una apparentemente piacevole. A volte, le esperienze passate con le persone creano un radar interiore. Ti rende più sensibile alle persone che potrebbero presentarsi sotto una luce diversa.

3. Affidati all'intuizione e al Dejà Vu. Lampi improvvisi di intuizione potrebbero non essere scientifici, ma possono fornirti segnali di avvertimento o ispirazione. Poiché improvvisamente hai pensato a qualcosa che non faceva parte dei tuoi pensieri attuali, puoi cambiare il tuo punto di vista per esaminare un dettaglio diverso sulla persona che stai analizzando.

Capitolo 6
Stili di comunicazione

Le persone comunicano anche in modo diverso. A volte, quando non sei abituato allo stile di comunicazione di qualcuno, potresti persino offenderti. Ti chiedi se hai fatto qualcosa di sbagliato quando, in realtà, la persona si comporta con tutti allo stesso modo.

Quando stabilisci la linea di base di una persona, dovresti essere consapevole del suo stile di comunicazione. Ecco i quattro principali stili di comunicazione.

1. Stile di comunicazione passivo

Potresti finire per apprezzare o detestare il comunicatore passivo. Da un lato, è molto inoffensivo. Vuole mantenere la pace e preferisce seguire il flusso. Di conseguenza, accetterà praticamente qualsiasi cosa. Si muoverà rapidamente per adattarsi al tuo piano. Se vuoi che qualcuno si schieri con te, fai amicizia con un comunicatore passivo. Sarà il tuo più uno per quasi tutto.

D'altra parte, i comunicatori passivi possono offendere gli altri. Alcune persone possono considerare irrispettoso il modo non impegnativo di affrontare le cose. Diverse persone si sono impegnate duramente per raggiungere l'obiettivo, invece il comunicatore passivo non fa molto sforzo. China la testa. Dice a malapena qualcosa. Tuttavia, tutto sembra scorrere abbastanza agevolmente, come se lui non fosse mai stato lì.

La completa passività può ancora portare a malintesi. Altri che non sono abituati al comunicatore passivo potrebbero risentirsi per il fatto che non provi davvero a cambiare il sistema.

2. Stile di comunicazione aggressivo

Il comunicatore aggressivo è l'esatto opposto del comunicatore passivo. Gli piace prendere il controllo. È dominante e potrebbe finire per essere l'unica voce ascoltata durante le discussioni.

Un comunicatore aggressivo è una persona che ascolterai. Ha un modo per diventare il punto focale, non necessariamente perché sa molto sull'argomento più degli altri.

Può essere intimidatorio parlare con una persona del genere. Ha un modo di intimidire e molestare le altre persone del gruppo.

3. Stile di comunicazione passivo-aggressivo

Il comunicatore passivo-aggressivo potrebbe non essere sempre rumoroso, ma ciò non significa che non abbia il suo morso. Se non ottiene ciò che vuole, troverà un modo per far riverberare il risentimento attraverso altre forme diverse dai mezzi orali. Ti farà sentire che non è d'accordo attraverso il suo sarcasmo e il suo linguaggio del corpo.

Il problema principale con il comunicatore passivo-aggressivo è che non è aperto. Potrebbe non essere d'accordo, ma potrebbe anche non difendere apertamente la propria posizione. Borbotterà, suggerendo fortemente che non è felice.

4. Stile di comunicazione assertivo

Il comunicatore assertivo è il più efficace nell'esprimere i suoi bisogni. Non è aggressivo e non ha intenzione di offendere nessuno nella stanza. Tuttavia, dà alla sua argomentazione forza di convinzione.

Il comunicatore assertivo non è come il comunicatore passivo che si limita a seguire il flusso. Ha le sue idee e le esprime.

Il comunicatore assertivo non è come un comunicatore aggressivo che aggiunge troppa benzina al fuoco. Può esprimere le sue idee con calma, anche se con fermezza.

Il comunicatore assertivo non è come il comunicatore passivo-aggressivo. Se non è d'accordo, lo dirà. Non ricorrerà ai giochi mentali.

Incontrerai tutti i tipi di comunicatori nella tua vita. Non tutti saranno casi estremi del tipo in cui si trovano. Ad esempio, alcuni comunicatori passivi possono ancora esprimere alcune delle loro opinioni quando richiesto e dato la rassicurazione che sono parti apprezzate del gruppo. Allo stesso modo, alcuni comunicatori aggressivi potrebbero essere disposti ad ascoltare se sanno che avranno la possibilità di dire la loro. Infine, alcuni comunicatori passivo-aggressivi reagiranno meglio nelle situazioni in cui lavorano con persone che generalmente gli piacciono.

Naturalmente, la parola chiave qui è "alcuni". Anche le situazioni e le combinazioni di persone possono differire. Ad esempio, un comunicatore aggressivo può in definitiva trarre vantaggio da un comunicatore passivo, senza che nessun altro faciliti gli incontri o le transazioni.

Il miglior tipo di comunicazione a cui mirare, ovviamente, è quello assertivo.

Quindi, come si diventa un comunicatore assertivo?

Per diventare un comunicatore assertivo, devi essere in grado di fare quanto segue:

- Essere in grado di dire "no" quando non vuoi fare qualcosa.

- Dichiarare con sicurezza le tue opinioni sull'argomento.
- Essere in grado di sostenere lo sguardo dell'altra persona, con meno aggressività e più apertura.
- Usa frasi attive anziché passive. Ad esempio: "Sono responsabile della logistica" anziché di "La logistica sarà fatta da me.")
- Possedere le tue idee. Dì che sei stato tu a pensarci se è così, piuttosto che indicare un'altra persona. Anche se non sei sicuro al 100% che le tue idee saranno accolte bene, devi essere in grado di mettere in gioco la tua richiesta.

Essere assertivi può essere un po' più impegnativo se non sei abituato a esprimere le tue opinioni. Non aver paura di farlo, però. Ricorda che qualunque cosa tu abbia da dire, la stai esprimendo senza ferire nessuno.

Persone diverse comunicano in modo diverso. Alcuni di loro sono solo più efficaci. Lo saprai dal fatto che alcune persone sono descritte come eccellenti comunicatori. D'altra parte, alcune persone spesso vengono fraintese. Naturalmente, la comunicazione orale è solo un modo per esprimersi. Aggiungi i tuoi gesti alla miscela e avrai un mezzo completo per interagire con le persone con l'aiuto della tua personalità.

È più probabile che incontrerai persone con vari modi di comunicare? Sì, lo farai. Ti ritroverai a gravitare verso alcune persone più di altre. Forse accetti di più le persone passive-aggressive perché sai da dove viene questo atteggiamento. Il modo in cui le persone si uniscono è una cosa completamente nuova e misteriosa. Ha a che fare con le personalità sia del mittente che del destinatario.

Capitolo 7
Capire le motivazioni

La motivazione deve essere pienamente compresa. Non solo rivelano cosa sta succedendo all'interno di una persona, mostra anche a cosa tengono persone diverse.

Per alcune persone, andare in chiesa è un'esperienza religiosa. Per altri, è un frustrante esercizio di fede in qualcosa che non può aiutarli.

Ognuno ha un'intera storia che spiega ogni serie di emozioni.

In questo capitolo, non solo esploriamo le emozioni, ma esploriamo anche i bisogni.

Di cosa hanno bisogno le persone nella loro vita?

Perché diverse persone hanno motivazioni diverse?

Gerarchia dei bisogni di Maslow

Con la Gerarchia dei Bisogni di Maslow, vediamo livelli di motivazioni che spingono le persone a fare le cose. Questa gerarchia è spesso rappresentata da una piramide.

Bisogni fisiologici

Alla base della piramide puoi trovare i tuoi bisogni fisiologici. Queste sono le più basilari di tutte le esigenze. Gli elementi che puoi elencare qui sono necessari per la nostra sopravvivenza.

Alcune persone non sono salite al di sopra del fondo della piramide. Sono motivati dalla fame e dall'istinto. Si alzano ogni mattina per andare al lavoro in modo da potersi riempire lo stomaco. Lavorano sodo per avere un posto dove vivere. La casa può essere acquistata o affittata. L'importante è che abbiano un posto sicuro in cui stare, soprattutto durante la notte. Anche i bisogni sessuali appartengono a questa sezione. Affinché la razza umana sopravviva, devono esserci rapporti sessuali. Alcune persone sono ancora consumate da questo desiderio istintivo.

Sicurezza

Quando le persone capiscono di cosa hanno bisogno per sopravvivere, desiderano più sicurezza. Vogliono di più di quella piccola casa o di quella scorta di cibo per una settimana. Proprio come i loro antenati, iniziano a capire l'importanza di raccogliere più provviste per durare per periodi più lunghi. Per l'uomo moderno, investire in azioni o risparmiare denaro in banca può essere la soluzione. Coloro che hanno risparmiato qualche soldo in più possono iniziare a costruire case più grandi attraverso estensioni.

Sicurezza non significa sempre risparmiare denaro o accumulare beni. Può anche essere collegata alla tua salute. Sopravvivere è una cosa, ma sei sano? Hai cibo da mangiare, ma stai mangiando i giusti tipi di cibo? Queste domande iniziano ad avere importanza quando hai scalato un gradino nella Gerarchia dei bisogni di Maslow.

Amore e appartenenza

Le persone si rendono conto che la ricerca della felicità non si basa solo su cose tangibili. Le case possono diventare vecchie e distrutte. I soldi vengono spesi. Anche chi ha tanto si ritroverà solo e solitario. Cominciano a mettere in discussione la loro esistenza. Perché dobbiamo guadagnare così tanto? A cosa serve? È per la mia stessa sopravvivenza ed esistenza?

Questo è quando le persone iniziano ad aver bisogno di più delle cose che possono possedere. Si rendono conto che il senso di appartenenza è migliore. Vogliono poter tornare a casa da persone che si prendono cura di loro e del loro benessere .

Iniziano a riconoscere il bisogno di formare relazioni più stabili, in cui possono raggiungere l'intimità. Può essere solitario concentrarsi solo sulla sopravvivenza. La vita dovrebbe avere connessioni più significative con le persone e non solo con gli oggetti.

Puoi anche pensare a questa parte della gerarchia come ai tuoi bisogni sociali. Le tue esigenze di far parte della tua chiesa, comunità, club e organizzazioni locali rientrano tutte qui. Questo livello mostra il tuo desiderio di trovare altri come te in modo da poter trovare persone in grado di comprendere i tuoi obiettivi e le tue motivazioni.

Stima

Nel livello precedente, vuoi intimità con altre persone. Tuttavia, le relazioni con gli altri possono andare più in profondità di così. Vuoi che le persone ti mostrino rispetto. Vuoi che gli altri riconoscano i tuoi sforzi e i tuoi risultati. Non si tratta solo di passare del tempo insieme, ma quel tempo dovrebbe anche essere speso per costruirsi a vicenda.

Tuttavia, deve essere chiaro che ci sono due tipi di stima. La stima che comprende prestigio e status – o il modo in cui le altre persone percepiscono una persona – è più diffusa tra i giovani. Anche gli adulti che non hanno ancora raggiunto un certo grado di maturità possono ancora tentare di raggiungere il prestigio.

Per coloro che hanno raggiunto una maturità sufficiente, la stima si riferisce al ritrovamento della dignità e dell'indipendenza. La persona sa che tutto ciò che ha imparato ha valore per lui, indipendentemente dal fatto che qualcun altro lo riconosca o meno.

Auto-realizzazione

Al culmine della gerarchia, troverai il desiderio di autorealizzazione. Questo è ciò che una persona deve diventare, secondo il suo potenziale. Diventi ciò che dovresti diventare.

Se hai persone nel tuo team che hanno un forte desiderio di autorealizzazione, apprezzale perché fanno il loro lavoro non per compiacere gli altri ma per essere il meglio che possono essere. Le loro motivazioni possono aiutarli a raggiungere l'apice del loro potenziale e questo può essere una risorsa per loro.

Perché la motivazione è importante

Ora che hai visto la Gerarchia dei bisogni di Maslow, puoi concludere che in qualche modo tutti sono motivati da qualcosa. Le motivazioni possono variare, ma le persone fanno le cose per un motivo.

Capire perché le persone fanno le cose può fornirti un'idea di chi sono e cosa possono finire per fare.

Più dati raccogli sulle persone e sulle loro motivazioni individuali, più comprendi la natura umana. Chi di solito finisce limitato dalla propria situazione da sembrare bloccato alla base della piramide di Maslow? Chi riesce ad avere successo?

Vantaggi della motivazione

La motivazione consente a una persona di prosperare e non solo di sopravvivere. Dà energia alle persone quando svolgono compiti che sono tipicamente impegnativi.

La motivazione ti dà una ragione per fare qualcosa. L'importante è che tu stia andando avanti con l'aiuto della forza esercitata dalla motivazione. Quando ti rendi conto di quanto sia gratificante continuare a lavorare per i tuoi obiettivi, diventi pronto per continuare ad andare avanti. Lungo la strada troverai altre ricompense che renderanno il completamento delle attività più soddisfacente.

Capire come funziona la motivazione ti aiuterà a motivare altre persone. Forse sei il leader della squadra, un insegnante di scuola elementare o l'amministratore delegato di un'organizzazione. Devi sapere cosa entusiasmerà abbastanza i tuoi membri da farli lavorare meglio.

Motivazione estrinseca

Quando si motiva un gruppo di persone, è necessario decidere se le ricompense esterne sono utili o dannose per il gruppo. Forse la motivazione estrinseca può funzionare facendo interessare le persone al compito e al suo completamento. D'altra parte, può rendere le persone dipendenti da queste piccole ricompense. Un modo per fornire una tale motivazione senza che diventi materialistica o basata sugli oggetti è attraverso l'uso di lodi e feedback positivi. Tali parole possono incoraggiare lo spirito della persona, aiutandola a desiderare di diventare una persona migliore. Potresti persino essere in grado di sollevarlo abbastanza in modo che possa iniziare a raggiungere l'autorealizzazione.

Motivazione intrinseca

A volte, la motivazione è nel compito stesso. Potresti aver assegnato un compito che piace molto al tuo team. Ricordi l'adagio? Devi trovare qualcosa che ami fare in modo da non dover lavorare un giorno nella tua vita.

Quindi, una persona a cui piace interagire con i bambini può diventare un insegnante di scuola elementare. Naturalmente, c'è un sacco di duro lavoro che va di pari passo con il presunto divertimento. Tuttavia, alcuni insegnanti perseverano nonostante il basso stipendio e talvolta le continue critiche dei genitori a causa del loro desiderio di migliorare la vita dei bambini. Il compito in sé è qualcosa in cui trovano una certa soddisfazione. Tuttavia, presidi, bambini e genitori possono aiutare fornendo anche un feedback positivo. Questa piccola motivazione estrinseca può aumentare la motivazione intrinseca.

Auto motivazione

Potresti osservare che alcune persone hanno una rigida armatura di autodeterminazione. Arrivano a decidere che devono fare qualcosa. Sebbene possano ricevere la certezza che stanno facendo più che abbastanza, possono persino aspirare alla perfezione. È innato in loro.

Questo tipo di automotivazione è più potente di qualsiasi altro tipo di motivazione. Le persone che ce l'hanno dentro possono essere alimentate dal loro bisogno di aumentare la loro autostima o possono già essere stimolate da un'elevata autostima. È più probabile che lavorino per l'autorealizzazione.

Motivazione ed emozione

La motivazione è strettamente legata alle emozioni. È qualcosa che ti spinge a fare qualcosa. Infatti, le parole "motivazione" ed "emozione" derivano entrambe dalla radice latina *movere* . Sia la motivazione che l'emozione ti fanno muovere o fare qualcosa. Ti spinge all'azione, in quella che sembra quasi una spinta psichica.

Sensazione

Inizia con i sentimenti. Devi provare qualcosa riguardo al compito da svolgere. Se odi il lavoro, potresti non essere così motivato a farlo. Se sei entusiasta della prospettiva di svolgere il compito, la motivazione può seguire rapidamente. La tua opinione su qualcosa ti rende più propenso a provare qualcosa al riguardo. O sei ansioso di svolgere il lavoro o non sei disposto a fare nulla al riguardo.

I sentimenti si riferiscono alla tua interpretazione cognitiva della situazione, basata sulle tue passate esperienze soggettive. A questo punto, sei consapevole di ciò che ti presenta l'attività.

Eccitazione

Con i sentimenti, tutto si ferma a livello mentale. Sei consapevole del compito o dell'obiettivo e di cosa può fare per te. Hai bisogno di un po' di elevazione per raggiungere l'eccitazione.

L'eccitazione si riferisce alla reazione fisiologica del tuo corpo. Invece di voler solo fare qualcosa a livello intellettuale, il tuo corpo è orientato a svolgere il compito. Puoi sentire i tuoi muscoli irrigidirsi per correre quella gara, per esempio. Anche nel punto invisibile, i tuoi ormoni stanno correndo per aiutarti ad attivare il resto del tuo corpo. Il cervello ha già trasmesso il messaggio a tutti voi.

Scopo

Quando sei fisiologicamente pronto, non c'è nulla che possa fermare il tuo corpo. Sei capace. Tuttavia, hai bisogno di qualcosa che ti spinga a fare ulteriormente ciò che devi fare.

Devi avere uno scopo. La capacità di funzionare dovrebbe incoraggiarti a fare tutto ciò che ti sei prefissato di fare. L'obiettivo che hai deve essere espresso in azione.

Espressione

Le tue espressioni facciali e il tuo tono di voce dimostrano che sei motivato. Altre persone dovrebbero leggere ciò che hai in mente perché possono vedere la tua attenzione e il tuo intento.

Motivazione per il cambiamento

La motivazione è quasi sempre orientata al cambiamento. Le persone sono motivate a svolgere o completare un'attività quando viene promesso il giusto tipo di cambiamento. Ad esempio, le persone si alzano presto per poter svolgere più lavoro o per raggiungere l'ufficio in tempo. Probabilmente sono stanchi di essere in ritardo. Forse cambiando una cattiva abitudine, vogliono dimostrare di essere pronti per il miglioramento.

Andare in palestra può essere impegnativo, tuttavia, la promessa di migliorare il proprio corpo e la propria salute supererà questa sfida. Affinché la motivazione diventi parte del problema, l'attività non è intrinsecamente motivante. Allontanarci da attività piacevoli ma poco gratificanti può essere quasi impossibile. Con la motivazione, tuttavia, puoi apportare quel cambiamento.

In che modo la motivazione aiuta a realizzare il cambiamento?

- La persona deve essere disposta a cambiare.
- Deve credere che il cambiamento possa avvenire.
- Deve far sì che il cambiamento avvenga attraverso una serie di azioni impegnative ma gratificanti.

Anche la felicità può essere considerata un sentimento. Averlo collegato a qualunque cosa tu stia mirando potrebbe darti la motivazione di cui hai bisogno.

È più facile fare qualcosa che promette felicità. Le persone vogliono lottare per cose che promettono di aiutare il loro benessere emotivo e psicologico.

La felicità è un buon motivatore?

Secondo la ricerca di Barbara Fredrickson, le emozioni positive espandono il modo in cui vediamo le cose. Ci hanno permesso di vedere fino all'obiettivo a cui miriamo. Stiamo vedendo i nostri obiettivi con occhi più luminosi e chiari.

Inoltre, dovremmo anche considerare gli studi di Teresa Amabile su come i dipendenti felici siano più produttivi. Quindi, se sei un manager, potresti voler trovare modi per insegnare un'atmosfera gioiosa nel tuo ufficio. Devi sapere come incoraggiare ogni dipendente quando si sente giù. Guardalo al di là del semplice essere un membro produttivo.

Lyubomirsky et al. (2005) riconoscono come anche il più breve periodo di positività abbia un elevato effetto sul reddito, sulla salute, sul lavoro e su altri aspetti della vita di una persona.

Tuttavia, dovrebbe essere chiaro, secondo Martin Seligman, che la vera felicità può essere raggiunta solo attraverso lo sviluppo personale. Dopotutto, quando ti muovi per migliorare te stesso, guardi la motivazione sotto una luce migliore. Di conseguenza, continui a diventare ancora più motivato. Questo è ciò che riguarda la psicologia proattiva. Continui a chiederti cosa potresti diventare.

Regole per capire le persone

Regola n. 1. Di solito è la presunzione, non la malizia, a farti sentire ferito.

Prima di prendere sul serio quello che fa qualcun altro, pensa a come e perché hai reagito. Perché ti sei sentito ferito? L'interazione riguarda più il modo in cui pensi o ciò che l'altra persona intende che accada?

Certo, devi anche considerare il fatto che alcune persone intendono malizia. È qui che entra in gioco la tua analisi umana. Quella persona voleva davvero farti del male?

Regola n.2. La maggior parte dei comportamenti sociali sono vaghi o non espliciti.

Sfortunatamente, devi conoscere meglio le persone per capire le loro azioni. La maggior parte delle azioni non sono esplicite. Non ci sarà narrazione mentre svolgi le tue attività quotidiane e altre persone svolgono le loro al tuo fianco.

A volte, la società si suggerisce i significati. Quindi, finisci per pensare, ad esempio, che le persone piacevoli e amichevoli siano sospettose. Metti in dubbio i loro sorrisi e ti avvicini come se fossi in un film misterioso. Quello che dovresti capire è che sebbene possa essere giusto non fidarsi di ogni sorriso, alcune persone hanno ancora un vero tipo di luce. Le persone sono più complicate di quanto alcuni stiano cercando di farle sembrare.

Regola n.3. L'altruismo egoista guida le transazioni prive di emozioni.

Quando acquisti qualcosa o ogni volta che il denaro è coinvolto in una transazione, puoi chiamarlo altruismo egoista. Non sei davvero generoso con il venditore da cui stai ricevendo il tuo prodotto. Vuoi il prodotto per te stesso e sei disposto a pagarlo. Paghi per il prodotto, dando così all'azienda alcune entrate necessarie e al venditore la sua commissione.

Regola n.4. La maggior parte delle persone ha poca memoria.

Ci possono essere momenti in cui potresti sentirti offeso dal fatto che qualcuno si comporti come se non ti conoscesse. A meno che tu non sia molto vicino alla persona, non dovresti sentirti in colpa per questo. Una persona che non ti conosce bene o ti ha incontrato solo poche volte potrebbe aver onestamente dimenticato chi sei. Forse conoscono la tua faccia ma non il tuo nome e non sanno come avvicinarsi a te. Potresti aver sperimentato la stessa cosa da parte tua ad un certo punto.

Un'altra cosa a cui devi stare attento sono quelli con problemi di vista. Le persone con una vista terribile potrebbero non salutarti perché non ti hanno visto. Questo è uno scenario abbastanza comune.

Regola n. 5. Le persone sono esseri emotivi.

Se una persona non interagisce con te nel modo in cui ti aspetti, potrebbe essere dovuto al suo umore o alle sue emozioni quel giorno. Lo scenario potrebbe essersi svolto a causa di ciò che l'altra persona sta provando, o forse a causa di ciò che provi tu. A volte, è difficile dirlo. Può essere lo scontro di emozioni di entrambi.

Regola n. 6. Le persone sono sole.

A volte, non riusciamo proprio a capire quanto possano essere sole le persone. Potrebbero provare a connettersi con te per vari motivi. Alcuni vorranno sinceramente diventare tuoi amici, mentre altri hanno solo bisogno di qualsiasi tipo di compagnia. Devi essere in grado di discernere chi è chi.

In quella solitudine, però, probabilmente puoi trovare qualcosa in comune che può creare un legame più profondo e genuino.

Regola n.7. Le persone sono egocentriche.

Questa regola è particolarmente vera nel XXI secolo. Ognuno ha i suoi problemi. Potresti scoprire che le persone sono più interessate a parlare di sé stesse, piuttosto che a connettersi con te. Non è colpa tua. Potresti ritrovarti a fare la stessa cosa a volte.

Questo capitolo mostra che persone diverse comunicano in modo diverso. Una cosa non significa sempre la stessa cosa. Qualcuno potrebbe ignorarti, ma in realtà quel giorno sta solo attraversando un periodo difficile.

Siamo tutti umani. Il modo in cui comunichiamo è influenzato da come noi, come esseri umani, ci sentiamo e veniamo influenzati dal nostro ambiente.

Capitolo 8
Individuare l'insicurezza

L'insicurezza fa sì che persone diverse si comportino in modi diversi. Non si tratta solo di essere troppo mansueti e miti. Alcuni in realtà mostrano aggressività per compensare la loro insicurezza.

Sapere se una persona è insicura ti aiuta a capire cosa dovresti fare per aiutare l'altra persona o per alleviare la situazione tra voi due.

Di seguito vedremo alcuni indicatori di insicurezza.

Bullismo. Un bullo non si sente a posto con sé stesso. Trova l'autostima screditando le altre persone. Può sembrare dominante e intimidatorio, ma in realtà un bullo non è altro che una persona insicura che cerca di essere più sicura di sé.

Stare sulla difensiva. Una persona insicura è sulla difensiva perché non è in grado di gestire le critiche. Invece di ascoltare ciò che può potenzialmente aiutarlo a migliorare, lo prende immediatamente come un insulto e presenta ragioni.

Egoismo. L'egoismo implica che una persona tenga le cose per sé il più possibile. La persona insicura non condivide oggetti di cui sente di aver bisogno di cui avrà bisogno per sé stessa perché non è così sicura nella sua situazione. Deve avere tutte le lodi, i materiali e l'attenzione.

Scherzare troppo. Questo è stato detto prima - in un modo diverso. Le persone tristi e insicure possono tentare di essere l'anima della festa in modi potenti. Ci deve sempre essere qualcosa che colmi le lacune, mantenendo le cose interessanti lungo il percorso. Non può fidarsi di essere accettato dagli altri se non ha niente di "divertente" da offrire.

Autopromozione. A volte devi promuoverti per essere riconosciuto, soprattutto se il tuo campo è saturo di persone con capacità simili. Tuttavia, c'è una differenza tra questo e parlare costantemente di te stesso. Una persona che deve essere sempre validata è insicura. Chiede a gran voce risposte, affermazioni e persino lodi.

Difficoltà a sopportare il silenzio. Quando una persona insicura viene lasciata sola, i suoi pensieri diventano troppo forti. Non riesce proprio a sopportare il silenzio. Quindi, deve scatenare una tempesta con qualcuno. Quando l'altra persona smette di parlare, inizia a chiedersi se in qualche modo ha offeso. Per rassicurarsi piuttosto che per comunicare onestamente, deve parlare.

Competitività estrema. Essere competitivi fa bene alla sopravvivenza. È anche adatto per essere riconosciuto. Tutti vogliono vincere in qualcosa. Questo è naturale. Tuttavia, competere continuamente può essere stancante. Ciò è necessario a una persona insicura per affermare le proprie capacità e dimostrare costantemente alcune cose a sé stesso.

Essere materialistico. Le persone insicure associano il loro valore ai beni materiali. Sentono di poter sostituire un senso di realizzazione con un maglione di cashmere, una Porsche o una villa. I loro effetti personali dovrebbero essere marchiati, con loghi che possono essere visti a un miglio di distanza. Se non riescono a farlo, sembra che manchi qualcosa. Hanno sempre qualcosa da dimostrare agli altri. Gli abiti decorati con il logo servono a mostrare ciò che possono permettersi.

Vanitoso o arrogante. È più probabile che la persona insicura abbandoni un "umile vanto" sui social media. Ciò significa che finge umiltà mentre in realtà mostra qualcosa di cui è molto orgoglioso: l'oggetto stesso del post.

Eccesso di autorevolezza. Quando incontri una persona autorevole, sai che quella persona è al comando. Ma cosa succede se l'altra persona ne è troppo piena? Potrebbe essere troppo prepotente e dare dure punizioni. Inoltre, potrebbe gradire abbaiare ordini come se fosse un semidio. Quindi, potresti avere ragione nel sospettare che la persona sia insicura. Potrebbe non sembrare così. Dopotutto, questa è una persona che ha una buona posizione. Di cosa deve essere insicuro? Essere troppo prepotenti, tuttavia, è un segno che questa persona sta compensando qualcosa che inconsciamente sente che gli manca.

Essere aggressivo. L'aggressore e l'abusato possono entrambi mostrare un certo grado di insicurezza. L'aggressore potrebbe aver subito un abuso a un certo punto. Potrebbe essere una versione estrema della persona autorevole. Una persona insicura può mostrare caratteristiche offensive in una relazione. Potrebbe cercare di controllare il suo partner, aprendo la strada affinché l'altra persona diventi completamente diversa. Gli uomini, più delle donne, hanno maggiori probabilità di essere colpevoli di questo.

Essere sottomesso. Una persona insicura, d'altra parte, può lasciarsi abusare. Si sente come se non meritasse nient'altro che quel trattamento inadeguato. Questo è il motivo per cui così tante persone finiscono per non lasciare relazioni violente. Non pensano di avere alcun valore al di là di quella relazione. È più probabile che le donne si sottopongano a una tale dimostrazione di insicurezza, ma può succedere anche agli uomini.

Sessualità eccessiva. Le persone che mostrano una sessualità sfacciata si sentono come se non ci fosse nient'altro in loro oltre alla loro bellezza e alle loro astuzie. La sessualità può diventare sia una merce che un'arma, sebbene la prima sia più comune per le persone insicure.

Altri segni di insicurezza

Quanto sopra sono alcuni dei segni più evidenti che una persona è insicura. Altri non si manifesteranno subito. Man mano che conosci la persona, potresti anche osservare quanto segue sulle persone non sicure.

Non piace incontrare altre persone. Le persone insicure vogliono avere a che fare con persone a cui sono abituate. Incontrarne di nuovi li porterà solo fuori dalla loro zona di comfort. Dovrebbero apportare modifiche per adattarsi a qualunque nuovo tipo di conversazione stia arrivando.

Non credono di essere abbastanza bravi. Purtroppo, le persone insicure non pensano di essere abbastanza brave. A volte, te lo diranno direttamente. Il più delle volte, tuttavia, puoi dedurlo dal modo in cui evitano grandi compiti e attenzioni. Quando gli viene assegnato qualcosa di importante, possono esprimere la loro sorpresa e traboccante gratitudine per la loro fiducia.

Possono mentire a sé stessi. Potresti provare qualcosa di strano in una persona insicura. Perché? Proveranno a spacciarsi per qualcun altro. Proveranno ad agire nel modo in cui sentono che dovrebbero comportarsi. Inoltre, potrebbero anche non credere che possa accadergli qualcosa di buono.

Non si fidano delle altre persone. Cosa puoi aspettarti da qualcuno che non crede nemmeno a sé stesso? Probabilmente non avrà nemmeno fiducia negli altri. È continuamente sospettoso e può persino sentirsi paranoico su ciò che gli altri pensano veramente di lui. Non è un modo molto piacevole di vivere.

Sono ansiosi e si lamentano troppo. Poiché non sanno fidarsi, sono sempre in ansia per qualcosa. Invece di migliorare attivamente la propria vita, possono lamentarsi di ciò che hanno. Non possono apprezzare nemmeno gli aspetti migliori di ciò che hanno. Per questo motivo, potrebbero non vedere le benedizioni che stanno effettivamente ricevendo. Si perdono molto.

Troppa ansia e bassa autostima possono davvero togliere il divertimento nella vita. Una persona insicura perderà molto. Potrebbe non cogliere un'opportunità perché non crede di essere abbastanza abile. Può anche pensare che la persona che lo assegna sia dispiaciuta per lui o non abbia davvero intenzione di affidargli l'incarico. Anche una persona insicura non godrà di relazioni felici. Potrebbe essere violento o subire abusi.

Quanto sopra dovrebbe aiutarti a riconoscere le persone insicure. Ricorda, tuttavia, che variano anche l'uno dall'altro. Ricorda anche che non conosci la storia completa di ogni individuo. Non ti vengono forniti i dettagli del loro dolore e della loro sofferenza.

Capitolo 9
Decifrare l'interesse romantico

Probabilmente avrai sentito il termine "segnali misti" quando ti riferisci a gesti romantici. La persona che fa l'osservazione potrebbe leggerla in modo sbagliato, o la persona osservata sta inviando consapevolmente o inconsapevolmente l'idea sbagliata. Ricevere o inviare un segnale sbagliato può causare dolore e umiliazione.

Per evitare problemi con i segnali contrastanti, potresti voler dare un'occhiata più da vicino al linguaggio del corpo. Potrebbe esserci una rara occasione in cui l'altra persona potrebbe semplicemente dirti direttamente che è interessata. Tuttavia, potresti voler proteggerti conoscendo gli indizi sul fatto che siano sinceri.

Come le donne segnalano l'interesse romantico

Le donne hanno il loro modo di segnalare l'interesse romantico. Quando vedono un uomo (o una donna) a cui sono interessati, possono iniziare ad agghindarsi. Li troverete a sistemarsi i capelli in modo piuttosto elegante, quasi come in una pubblicità di shampoo. Raddrizzeranno la postura e spingeranno leggermente il petto in avanti.

Anche l'occhio c'entra, anche con quelli più timidi. Se piaci a una donna, cercherà di catturare il tuo sguardo. Quando guardi nella sua direzione, lei distoglierà lo sguardo. Se questo si ferma qui, può causare confusione. Tuttavia, qualcuno che è sinceramente interessato ti darà un'altra occhiata.

D'altra parte, una donna che chiarisce di non essere interessata ti mostrerà alcune delle sue cattive abitudini, come grattarsi o stuzzicarsi i denti. Sebbene queste siano forse azioni quotidiane, una donna interessata non ti mostrerà quelle che considera abitudini di cura private e sgradevoli.

Come gli uomini segnalano l'interesse romantico

Apparentemente gli uomini hanno molti modi per mostrare se sono interessati alle donne o ad altri uomini. Possono essere giocosi e alzare un sopracciglio, o più serio, schiudere le labbra quando ti guardano. Tutto ciò che riguarda il suo viso ti si apre: gli occhi spalancati e le sopracciglia sollevate, come se fosse stupito da ciò che vede.

Se ci sono altre persone nella stanza, cercherà modi per attirare la tua attenzione. Potrebbe essere più rumoroso del resto delle persone nel gruppo. Forse trova il momento giusto per parlare filosoficamente o in modi che potrebbe pensare possano impressionarti. Quando è in un gruppo, si allontanerà in modo che tu lo veda come un individuo.

Può anche mostrare alcune azioni che implicano attività sessuale, o almeno l'anticipazione di una qualche forma di essa. Potrebbe non essere consapevole di ciò che sta facendo. Tuttavia, vedrai che potrebbe darti esporre la zona inguinale - non in modo osceno, ma il modo in cui si siede lo farà aprire le gambe. La sua postura è dritta, ma il suo corpo sembra essere diretto verso di te. Questo è ciò che alcune persone chiamano sessualmente carico.

Per quanto riguarda i gesti un po' più carini che mostrano che è interessato, potrebbe pettinarsi all'indietro o arruffarsi i capelli mentre ti guarda. Potrebbe anche accarezzarsi molto di più il viso. In un evento, potrebbe anche diventare un po' possessivo, guidandoti per il gomito o per la parte bassa della schiena. Il messaggio non verbale non è diretto solo a te ma anche ad altri uomini nella stanza che potrebbero tentare di prendere il sopravvento.

Altri segni che qualcuno sta flirtando con te

SI lasciano scoprire mentre ti osservano.

Per alcuni di loro, non possono più tenerlo segreto. Probabilmente vogliono arrivare alla fase successiva della confessione e dell'impegno in una relazione romantica, o addirittura in un intreccio. Quindi, non distolgono nemmeno più lo sguardo quando senti il loro sguardo su di te. Ti fanno vedere che ti stanno guardando

Possono essere permalosi.

Alcune persone sono permalose. Nota il tuo collega più estroverso. A lui potrebbe piacere toccare un braccio qui, accarezzare una mano là e così via. Naturalmente, dovresti anche diffidare dei tocchi che oltrepassano il limite. Il contatto indesiderato non può essere accettato anche se pensi che l'altra persona stia cercando di trasmettere un interesse romantico. Devi anche mostrare un chiaro interesse per la persona affinché un tale tocco vada bene. Non dovresti sentirti a disagio e violato in seguito.

Aprono il corpo e il viso.

Se una persona è interessata a te, il suo viso e il suo corpo sono aperti a te. Questa è l'espressione facciale discussa in precedenza: occhi spalancati, sopracciglia sollevate, bocca aperta e naso allargato. Anche le loro braccia sono aperte. D'altra parte, le braccia conserte suggeriscono che la persona non è molto entusiasta di ciò che dici. Non vogliono essere lì.

Dirigono il loro corpo verso di te

Guarda i piedi della persona. Se sono interessati a te, vedrai che i loro piedi sono puntati verso di te. Sono completamente impegnati nella conversazione, invece del loro corpo che si dirige semplicemente verso l'uscita come per scappare.

Ti mettono i loro averi vicino (soprattutto nel caso delle donne).

Se una donna è interessata a te, probabilmente metterà la sua borsa vicino a te. Anche un uomo o una donna possono mettere i loro drink vicino a te. Questo indica un certo livello di fiducia. Si fidano di te per essere vicino ai loro beni essenziali.

C'è un certo grado di intimità nel mettere il tuo drink vicino a qualcun altro. Sembra suggerire la fiducia che non ci metterai niente, un bicchiere che contiene un liquido che devi assorbire.

Mantengono il tuo sguardo.

Qualcuno che è romanticamente interessato a te potrebbe mantenere il tuo sguardo. Quella persona probabilmente sta valutando se rivelare i propri sentimenti per te. Si sono esposti dandoti uno sguardo alle finestre della loro anima.

Danno una rapida occhiata.

Altri sono probabilmente più timidi nell'esprimere i propri sentimenti. Quindi lo fanno a piccole dosi, attraverso rapidi sguardi. Vogliono guardarti di nuovo. Una parte di loro non vuole che tu veda, ma un'altra vuole essere beccata.

Ci sono molti modi in cui una persona può flirtare. Tuttavia, la sua personalità potrebbe alla fine influenzare la strategia che sceglierà. A volte, non è nemmeno una questione di strategia. Le persone autentiche che vogliono conoscere qualcun altro in modo romantico possono presentare il loro vero io abbastanza velocemente perché si preoccupano dei loro sentimenti ricambiati senza che sia coinvolta una bugia.

Capitolo 10
Facilitare l'analisi della propria personalità

E riguardo te invece? Stai leggendo questo libro in modo da poter leggere e analizzare meglio le persone. La maggior parte dei capitoli ha affrontato ciò che le altre persone possono rivelare su loro stesse. Come puoi, invece, contribuire attivamente all'interazione?

Contribuire all'interazione e facilitare l'analisi

Ascolto attivo

Non dovresti solo sentire come sono i suoni. Devi ascoltare attentamente ciò che la persona sta dicendo e non sta dicendo. Guarda la persona che parla per mostrare che stai ascoltando. Partecipa alla conversazione, ponendo le tue domande e contribuendo all'argomento. Quando la persona risponde, ascolta anche tu. Alcune persone fanno domande solo per il gusto di fare domande. Se la persona sta condividendo qualcosa di importante su di sé, fornisci il supporto di cui ha bisogno.

Essendo un ascoltatore migliore:

- Puoi crea relazioni migliori
- Puoi dimostrare rispetto

- Puoi accumula informazioni più preziose
- Puoi consentire che la comunicazione avvenga correttamente.

Quindi, come si diventa un ascoltatore migliore?

Di seguito vediamo alcuni modi.

Sii pienamente presente. Metti da parte i tuoi dispositivi e dai il tuo tempo. Quando hai bisogno di ascoltare, non tentare il multitasking.

Ascolto distratto. Come per il punto precedente, non farti distrarre da altri possibili compiti e dai dispositivi. Ascolta bene per capire e non solo per dare una risposta. Alcune persone sono persino inclini a fare una replica pungente.

Chiarisciti le idee. Potresti avere altri pensieri o preoccupazioni. Per il momento, però, concentrati sull'altra persona. Non lasciare che altri problemi influenzino la comunicazione.

Nessun giudizio. Quando non ascolti, sii imparziale. Non farlo per poter giudicare dopo. Ascolta i dettagli in modo da capire meglio l'altra persona. Deve significare qualcosa per lui aprirsi. Non ascoltare solo per poter rispondere in modo arrogante, facendo stare male l'altra persona.

Mostra che stai ascoltando. Assicurati che l'altra persona possa dire chiaramente che stai ascoltando. Puoi annuire in accordo. Non dipendere solo da questo. Può sembrare automatico e sconsiderato. Non parlare finché non senti che l'altra persona è pronta ad ascoltare e ha detto la sua parte. Quando è il tuo turno, fai riferimento ai punti che ha menzionato. Fai riferimento a quelli invece di iniziare la tua storia.

Ascolta per imparare. Quando hai intenzione di imparare, ascolterai con entusiasmo. Fai attenzione a notare i punti più essenziali. Il tuo cervello sta attivamente trovando metodi per conservare le informazioni. Durante una lezione, può essere utile annotare i dettagli salienti. In una conversazione personale, puoi fare più domande per scoprire di più sul fatto che ti incuriosisce.

Stringere la mano per attivare una connessione. Dicono che una ferma stretta di mano stabilisce chi sei in una luce positiva. Questo dipende, tuttavia, da chi stai stabilendo un contatto. Se l'altra persona ha una posizione più elevata, potresti dover seguire il suo modo di stringere la mano. Qualunque cosa tu faccia, tuttavia, mantieni la stretta di mano verticale.

Stringere la mano è il modo migliore per rafforzare una connessione. È meglio di un cenno o di un pugno, soprattutto in una situazione più formale. Il contatto crea una scarica di ossitocina, che aiuta nella formazione di un legame.

Mentre la stretta di mano è in primo piano nella connessione, dovresti anche creare un contatto visivo adeguato. Essere in grado di connettersi direttamente con gli occhi dell'altra persona ti fornisce una persona più sicura. Per i candidati al lavoro, questo potrebbe essere solo un modo per farti ricordare tra le numerose strette di mano.

Evita di stringere la mano con le mani bagnate e sudate. Potresti essere nervoso, ma non dovresti annunciarlo al mondo. Quindi, assicurati che i tuoi palmi siano asciutti e alla giusta temperatura.

Sorridi per promuovere buoni sentimenti. Un sorriso genuino illumina la giornata, sia per te che per la persona a cui stai sorridendo. Tuttavia, qualcos'altro di più elaborato sta accadendo dentro di te. Un sorriso crea una scarica di neurotrasmettitori positivi: ossitocina, serotonina, dopamina e neuropeptidi. Sollevano il tuo umore per rendere la giornata molto più gioiosa. Le endorfine aiutano anche come antidolorifici. Quindi, in pratica, ti dai un impulso chimico all'umore in modo naturale.

Un sorriso genuino può anche creare un effetto positivo sulle persone intorno a te. Può dare un senso generale di benessere.

Mantieni la tua voce bassa per un suono autorevole. Potresti pensare che urlare tutto il tempo sia la risposta. Tuttavia, puoi effettivamente assumere un tono autoritario abbassando la voce. Sembra che le persone con voci profonde richiedano più attenzione. In effetti, potresti notare che gli attori con voci profonde sono solitamente incaricati di narrare documentari.

Sfortunatamente, non possiamo semplicemente decidere di avere una voce più risonante. Non è qualcosa che puoi semplicemente desiderare di avere. Devi nascere con questa voce.

Nella vita reale, ascolta la tua voce più da vicino. Come suoni? Che tipo di voce hai? È fisicamente possibile abbassare il tono per adattarlo allo stile di cui hai bisogno?

Esercitati a canticchiare. Canticchiando, puoi entrare in contatto con il tono più profondo della tua voce. Rilassa la gola e ti permette di essere più flessibile con il modo in cui suoni. Se rendere la tua voce più profonda è impossibile, allora puoi semplicemente lavorare sulla tua inflessione. Essere fiduciosi e aggiungere l'emozione appropriata a ciò che stai facendo dovrebbe aiutarti a trasmettere il tuo messaggio - e in modo potente!

Linguaggio del corpo positivo. Ora puoi leggere la maggior parte dei soliti segnali non verbali. Se hai a che fare con persone normali, non spie e bugiardi maestri, allora dovresti essere in grado di individuare ciò che le persone intendono veramente. Tuttavia, devi anche essere in grado di trasmettere il giusto linguaggio del corpo.

Come fai a far sentire qualcuno benvenuto? Ovviamente, non puoi incrociare le braccia per parlare con una persona e aspettarti che si senta al sicuro intorno a te. Come potrebbe? Stai bloccando la sua comunicazione.

Se vuoi presentarti come un leader affidabile e competente, allora devi manifestare fiducia. Ecco alcuni segni di un linguaggio del corpo positivo, che rappresenta quindi una persona positiva:

- Schiena dritta, buona postura
- Contatto visivo
- Ascolto concentrato
- Mani aperte (non nascoste)
- Corpo posizionato verso l'ascoltatore
- Microespressioni che suggeriscono un sorriso o un'altra espressione facciale aperta.

Linguaggio del corpo durante il parlare in pubblico. Quando parli in pubblico, devi portare il tuo linguaggio del corpo positivo a un altro livello. Sarai di fronte a una folla, grande o piccola che sia. Potrebbe esserci un palco o solo un'area aperta dove puoi stare in piedi e rivolgerti al pubblico. Qualunque sia il caso, devi essere in grado di stabilire un rapporto e un'autorità.

Quindi, devi mantenere le posizioni positive che hai imparato. La tua voce dovrebbe essere chiara. Non deve essere troppo rumoroso, ma puoi utilizzare un ritmo e un volume variabili. Una voce monotona può essere noiosa.

Guarda il pubblico. Rivolgiti direttamente alla folla. Stabilisci un contatto visivo se possibile, ma guarda invece la loro fronte se sei troppo nervoso.

Linguaggio del corpo per la seduzione. Fare riferimento al capitolo su come individuare un interesse romantico. Sospetti che qualcuno ti stia dando l'occhio e vuoi ricambiare e spostare le cose al livello successivo? Devi conoscere il linguaggio del corpo per la seduzione.

Innanzitutto, devi assicurarti di distinguerti. Questo è il motivo per cui è necessario condurre una piccola ricerca. Cosa attrae quest'altra persona? Sei già gradito a lui o lei, ma hai solo bisogno di confermare le cose?

In secondo luogo, esponi le tue risorse migliori. La visualizzazione dei polsi o della clavicola può esserne un esempio. Anche i gesti di pavoneggiamento possono funzionare: scompigliare i capelli, toccare il viso e aggiustare i vestiti.

Terzo, agire. Assicurati di fare qualcosa che verrà notato. Puoi chinarti in basso per raccogliere qualcosa. Potrebbe essere un cliché da commedia romantica, ma funziona.

In quarto luogo, rispecchia le azioni della persona che desideri. Questo è un modo più sfacciato per dire che lo desideri.

Tecniche di linguaggio del corpo per trattative e vendite. Il modo in cui ti comporti quando vendi un prodotto o un servizio deciderà il tuo successo. Il contatto visivo e la stretta di mano funzioneranno di nuovo qui. Dovresti anche tenere le mani lontane dal viso. Non fare gesti che sembrano suggerire che stai mentendo o nascondendo qualcosa. Sebbene tu possa aver imparato l'arte del parlare, dovresti anche ascoltare. Il tuo cliente o partner commerciale vorrà sapere di essere ascoltato. Apprezzeranno il rispetto e l'apprezzamento.

Errori del linguaggio del corpo da evitare

A questo punto, questa parte è fondamentalmente un riassunto di ciò che hai già imparato. Alcuni segnali non verbali ti metteranno in cattiva luce. Quindi, evita questi:

- Nascondere le mani (inaffidabile)
- Dinoccolato (diffidente)
- Stretta di mano debole (immotivata, non sicura di sé)
- Troppo o troppo poco contatto visivo (da disagio a nascondere qualcosa o essere timido)
- Irrequietezza (nervoso)
- Puntare i piedi lontano dalla persona con cui stai parlando (non interessato)

- Toccandoti il viso (disonesto)
- Guardando l'orologio (annoiato)

Naturalmente, quanto sopra può avere un significato diverso a seconda del contesto della situazione. Tuttavia, non vuoi che l'altra persona raccolga tutti i dettagli per giungere alla giusta conclusione.

Qual è il mio stile di comunicazione?

Per sapere meglio come far funzionare i tuoi segnali verbali e non verbali, devi analizzare il tuo stile di comunicazione. Ecco i quattro tipi principali:

- Analitico. Significa che ti piacciono i dati concreti. Ti piace analizzarli, ma non hai la pazienza per i termini vaghi. La tua comunicazione è spassionata.
- Intuitivo. Significa che guardi il quadro generale, non ti piace essere impantanato con i dettagli. Quindi, vuoi arrivare al punto di ogni conversazione.
- Funzionale. Significa che ti piace seguire il processo in dettaglio. Sei bravo a implementare i dettagli di un'attività perché ti piace guardarla passo dopo passo.
- Personale. Significa che apprezzi i legami emotivi. Quindi, ti connetti con le persone a livello personale quando comunichi con loro. Non solo trasmetti un messaggio, ma ti assicuri anche che risuoni con il tuo ascoltatore.

Conclusioni

Le persone sono esseri complicati. È sicuro dire che non puoi capire a fondo i pensieri più intimi di una persona al primo tentativo. Ci vuole osservazione continua e applicazione costante. Devi impegnarti durante la comunicazione. Per poter analizzare altre persone devi mantenere una posizione aperta. Non bloccare le informazioni che le persone rivelano volontariamente o meno su sé stesse.

Ogni giorno che ti connetti con qualcuno, al di là dei tuoi dispositivi, dai un'occhiata più da vicino alla natura umana. Indaga sulle complessità di ogni linea del viso e di ogni minimo gesto. Le persone sono soggetti affascinanti. Non lasciare che le macchine prendano il sopravvento sulla bellezza della comunicazione a livello personale. Più pratica hai, più ti avvicinerai alla dissezione delle sfumature di ogni persona. Quando lo farai, ti ritroverai in grado di interagire meglio per relazioni, carriere e un senso generale di connettività umana di maggior successo.

Grazie!

Prima di lasciarti, desidero ringraziarti di cuore per aver scelto il mio libro. Apprezzo la fiducia che mi hai accordato e sono felice di essere parte del tuo percorso.

Ti chiedo un favore: se il libro ha contribuito in questo percorso di crescita personale, potresti dedicare qualche minuto per lasciare una recensione su Amazon? Le recensioni sono un prezioso sostegno per gli autori indipendenti come me.

>> [Clicca qui per lasciare una recensione su Amazon](#)

P.S. Non dimenticare i tuoi bonus gratuiti! Scansiona il QR code qui sotto:

Printed by Amazon Italia Logistica S.r.l.
Torrazza Piemonte (TO), Italy